이 책을 소중한 _____님께 선물합니다.

병원 개원 세무

세무법인 진솔 · 택스스퀘어 지음

Vol. 1

좋은땅

세무법인 진솔

  병의원 전문 세무법인으로 활동을 하며 지난 10년이 넘는 세월간 감사하게도 수많은 의사들과 인연을 맺게 되었다. 인연을 맺게 된 대표원장들을 보며 병원규모의 작고 크고가 중요한 게 아니라, 각각의 병의원 모두가 어린 시절부터 지난 세월 누구보다 열심히 살아온 대표원장 인생의 집약체로서 너무도 소중한 곳이란 생각은 점점 커져 간다. 진료에만 집중할 수 있도록 세무ㆍ행정적인 부분에서 가장 많이 하는 질문과 상황을 모아 책을 집필하였다. 수많은 의사들의 인생의 집약체가 탄탄해지는 데 이 책의 개원세무지식이 도움이 된다면 좋겠다.

[세무법인 진솔 주요 경력]
(현)아임닥터, 메디굿 개원세미나 강연
덴탈빈, 덴올TV 강연
메디게이트, 덴트포토 세무자문협력사

택스스퀘어

택스스퀘어는 하루의 대부분을 의사들의 세무를 위해 쓴다. 그리고 이런 하루는 10년이 넘어서고 있다. 의사들과 10년을 넘게 지내보니 이제야 병원 전문 세무가 무엇인지 알 것 같다. 병원 전문 세무사로 활동하며 10년 전도 그렇고 지금도 그렇고 의사들의 질문은 비슷하다. 그런 질문들을 모아 책에 담았다. 우리들의 지식이 대한민국의 의사들에게 조금이라도 도움이 된다면 매우 뿌듯할 것이다.

[택스스퀘어 주요 경력]

닥터스퀘어, 유비케어(의사랑), 테라메디, 스타트닥터 개원 세미나 강사

공동개원 관련 조세소송 국내 세무기업 최초 승소

병의원 세무조사 전문 대응(일선 세무서, 국세청 병의원 기획조사 등 다수)

단국대 석좌교수, 건국대학교 명예교수 장상근

강력히 추천합니다. 대학병원에서 교수를 하고 정년 후 사회에 나와서 남은 앞날을 위해 고민하고 걱정하였고 개원 후 어려움을 겪을 당시 저자분의 도움을 통해 회계 세무 관리의 어려운 부분에 많은 도움을 받았습니다. 본인의 이러한 경험을 통해 세무와 경영에 정직하게 도움을 주는 분들의 책이 나와 강력하게 추천하는 바입니다.

리뉴서울안과의원 대표원장 김명준

환자를 잘 보는 것과 병원을 잘 운영하는 것은 별개의 영역입니다. 환자 진료와 병원 운영 두 가지를 스스로 해결해야 하는 개원은 쉽지 않지만 임상의사로서 도전해 볼 만한 일이라고 생각합니다. 자금 마련, 각종 지출, 수입 등 모든 돈과 관련된 활동들은 세금과 관련되어 있기 때문에 세무 관리가 필수적입니다. 하지만, 병원을 하는 선후배들에게 궁금한 점을 물어보면 한 가지 질문에 대해 다양한 답변과 의견들이 돌아오기 일쑤여서 혼란스럽기만 합니다. 이럴 때 병원 관련 경험이 풍부한 세무사가 주변에 있다면 큰 도움이 될 것입니다. 그런 세무사가 자신의 세무 관련 경험과 지식을 녹여 넣은 책을 세상에 내놓게 되었다는 소식을 전해 왔을 때 기쁘고 반가운 마음을 금할 길이 없었습니다.

개원이라는 도전을 앞둔 의사들에게는 필독서로 감히 추천드리고 싶고, 이미 병원을 운영하고 있는 의사들에게도 기존의 세무 지식이 맞는지 점검해 보고 정리할 수 있는 기회가 될 것으로 생각합니다. 또한, 책을 처음부터 끝까지 읽지 않더라도 세무 관련 궁금증을 그때그때 해결할 수 있는 레퍼런스로 옆에 두어도 좋을 책입니다.

웰키즈소아청소년과의원 대표원장 백인환, 손민준

개원하면서 시행착오를 겪었습니다. 이 모든 부분들을 8년 전에 알았으면 좋았을 걸 하는 생각이 드는 즈음 기다리던 책이 출고 되었네요. 개원 준비 중이신 많은 선생님들의 필독서로 강추합니다.

수원하나이비인후과의원 대표원장 김윤태

준비부터 막막한 개원의 세계. 친한 동료들한테도 답을 구할 수 없는 많은 질문들을 친한 세무사가 옆에서 족집게 과외를 해 주는 디테일하고 친절한 족보 같은 책.

압구정연세산부인과의원 대표원장 박나윤

항상 궁금했지만 그 누구도 자세히 알려 주지 않던 내용들을 족집게처럼 모아 놓은 책.

삼성메트로정형외과의원 대표원장 전병휘

개원 준비할 때 필요한 절차가 잘 정리되어 있고 개원 후에 평소 궁금했던 내용들도 잘 담겨 있어 개원 전, 후 여러 원장님들께 길잡이 같은 책으로 큰 도움이 될 것이라 확신합니다.

삼성바른내과의원 대표원장 박완

전래 동화처럼 선배들로부터 전해져 내려오던 개원 세무 노하우가 이제야 기록 문학으로 정리되는 것 같습니다. 개원가 의사들의 필수 고전으로 자리 잡게 될 것을 믿습니다.

서울미소치과의원 대표원장 김기준, 김현기

막막하기만 한 개원실무에 관한 내용을 속 시원히 설명해 주는 책입니다. 개원실무에 대해 잘 모르시거나, 어려움이 있는 분이라면 고민 없이 필히 보시기를 추천합니다.

힘내라병원 대표원장 김문찬

자신감 하나로 개원하여 낭패를 당하는 원장들이 많은데 유비무환의 자세로 사전준비나 예방하는 차원에서도 도움이 될 듯합니다. 실무에도 많은 도움이 되는 최고의 책인 것 같습니다.

이동훈연세정형외과의원 대표원장 이동훈

개원의가 실수하기 쉬운, 하지만 모르면 큰 문제가 될 수 있는 부분들을 세심하게 짚어 주는 내공이 충만한 책입니다. 개원의뿐 아니라 개원을 준비하는 분들께 큰 도움이 되리라 생각합니다.

리셋재활의학과의원 대표원장 이고은

선배도 동기도 잘 알려 주지 않던 개원 실무 디테일은 물론 더 이상 세무사한테 문자를 보내도 될까 고민하지 않게 만드는 최고의 책.

성모공감정신건강의학과의원 대표원장, 정신건강의학 네트워크 공감브랜딩 설립자 송민규

기다려 온 책입니다. 이 책이 진작에 있었다면 제가 개원 준비하면서, 그리고 개원 초기에 겪었던 많은 시행착오를 줄일 수 있었을 것 같습니다. 평소 궁금했던 내용들에 대해서도 명확히 답을 제시해 주고 있네요. 최선의 진료를 위해 힘쓰느라 상대적으로 부족할 수밖에 없는 원장님들께 경영, 경제 마인드를 일깨워주는 책입니다. 개원의와 개원 준비하시는 의사 분들 모두에게 필독서로 추천합니다!!

프라우드 비뇨기과의원 대표원장 이지용

약 7년 전에 개원을 할 때 의학적 지식 이외에 개원 관련 지식이 없었고 개원 관련 전문 서적도 없어서 어렵게 개원을 준비했던 기억이 납니다. 수년간 병원 전문 세무사로 일하면서 여러 병의원의 개원 관련 업무의 경험이 이 책에 모두 담겨 있다고 생각합니다. 개원을 준비하시는 분들에게 큰 도움이 될 것입니다.

제이엠가정의학과 대표원장, 제이엠헬스팩토리 대표이사 최정민

　5년 전 의원개원을 시작하고 MSO법인사업을 시작할 때 세무에 관한 개념이 없을 때 전문적인 도움이 없었다면 자리 잡지 못했을 것 같습니다. 책의 내용은 개원이라고 하는 사업을 시작하는 원장님들께 큰 도움이 될 것입니다.

세종 서산부인과의원 대표원장 서정원

　병원세무(실무)를 잘 아는 세무사들이 집필한 책이라 그런지 내용이 유용합니다. 개원의에게 꼭 필요한 책입니다.

병의원 전문 세무법인으로서 10년이 넘는 세월간 각자의 길을 걸어온 세무법인 진솔과 택스스퀘어는 21년 겨울 우연한 기회로 협업을 하게 될 일이 있었다. 협업을 하면서 자연스레 소통을 많이 하게 되었고 두 회사의 모든 역량을 쏟아부었던 프로젝트도 완벽하게 마무리되었다. 우리는 '같은 업종에서 경쟁을 하고 있지만 각자 조직의 핵심역량이 다르다'는 것을 알게 되었고, 두 조직의 핵심역량을 융합해서 시너지를 낸다면 보다 양질의 서비스를 제공할 수 있을 것이라 확신하였다. 이후 우리는 두 회사를 통칭하여 비공식적으로 **'진솔스퀘어'**라 부르자 하였다.

개원준비 및 초기의 원장들이 겪게 될 답답함을 해소해 줄 수는 없을까?

시너지를 내기 위해 지속적으로 소통을 하면서 자연스레 지난 10여 년간 병의원업계에서 겪은 일들을 이야기하게 되었다. 두 회사의 경험들과 겪은 일들이 놀랍도록 겹치면서 서로 공감대가 형성되었다. 입지를 잡고 행정절차를 앞둔 원장들의 문의점, 세금신고준비하면서 매출과 각종 비용에 대한 준비사항들에 대한 문의점.

이뿐만 아니라 동기들끼리의 단체방에서 잘못된 소식을 가지고 세무처리를 하고 있거나, 병의원 전문이 아닌 곳에서 세무 관리를 맡기던 곳, 세무에 관심 없어 물어보는 것조차 하지 않아 잘못된 방식으로 처리하고 있던 원장들….

이러한 이야기를 공유하면서 이를 대화 주제로만 끝내지 말고 정리해서 병의원원장들에게 도움을 줄 수 있는 무언가를 만들어 보자고 이야기하기 시작했다.

병의원원장 병원장들이 세무와 관련해 문의하는 질문은 90%가 겹친다!!

본 책은,

1. 절차 중심의 '개원형태결정 - 임대차계약단계 - 직원구인단계 - 개원행정단계' 질문

2. 세금신고 관련 중심의 '매출 관련 - 경비 관련' 질문으로 나누었다.

그리고 목차를 두 가지 버전으로 기재하였다.

책 서두의 '기본 목차'와 더불어 책 말미에 '상세한 목차'를 두며 각 주제별로 '관련 질문 사례'를 두어 해당 책을 한 번에 다 읽지 않더라도, 각 상황이 닥쳤을 때 언제든지 '병의원 세무처리 메뉴얼'로써 참고할 수 있도록 하여 그 효용성을 더하였다.

병의원운영과 관련된 세무지식을 얘기해 줄 때 세법지식이 필요할까?

책을 집필하며 세법지식과 법령을 기재하며 집필을 해야 할 것인가는 가장 고민이 되었던 부분 중 하나이다. 우리는 이번 책의 독자층을 "개원을 준비하는 혹은 만 3년 미만의 개원한 지 얼마 안 된 초기 병의원원장들의 세무처리와 세금관리에 대한 문의점을 쉽게 기술"하자는 데 의견을 모았다.

따라서 세법지식이 상당한 누군가가 보기에 이 책은 가벼워 보일 수도 있을 것이다. 하지만 책을 집필하며 중점적으로 둔 것은 "우리 두 회사가 세법적으로 있어 보이는 것"이 아닌 오직 "병의원 개원원장이 실무에서 맞닥뜨리게 되는 대부분의 상황에 대한 생생하고도 쉬운 대응 방안 전달"로 두었기에 이와 같은 평가는 우리에게 중요치 않다. 초보자도 쉽게 읽을 수 있어 언제든지 반영 가능하고, 혹은 읽지 않더라도 해당 상황에 닥쳤을 때 매뉴얼처럼 쓰인다면 이 책의 존재가치는 다하였다 하겠다.

뜻깊은 인연들과 함께 나아간다는 것의 가치

마지막으로 지난 세월 동안 진솔스퀘어를 믿고 함께해 주신 3천여 병의원들과, 해당 자료를 정리하는 데 도움을 주며 묵묵히 업무를 도와주는 100여 명의 임직원들. 그리고 마지막으로 서로의 가치를 알아보고 함께하고자 하는 좋은 마음을 가진 서로의 회사 임직원들에게 깊은 존경과 감사를 표한다.

목차

I. 개원형태의 결정

II. 임대차계약 단계

VI. 경비와 관련하여 개원 초기에 자주하는 질문

I

개원형태의 결정

1

병원 권리금의 세금문제

개원을 하면서 권리금을 지급하거나 병원을 양도하면서 권리금을 지급받는 경우가 있다. 이 경우 어떤 세금문제가 발생할 수 있는지 알아보자.

(1) 양도하는 원장의 부가가치세 문제

병원은 미용 목적의 진료를 하는 경우 부가가치세 과세사업자로 분류하며 치료 목적의 진료를 하는 경우 부가가치세 면세사업자로 분류된다. 병원이 과세사업자인지 면세사업자인지에 따라 1차적으로 구분하고 포괄양수도[1] 여부에 따라 부가가치세 문제는 달라질 수 있다.

1) 과세사업자인 경우

가. 포괄양수도인 경우

포괄양수도에 해당하는 경우에는 부가가치세법 시행령 제23조에 따라 부가가치세 과세 대상 거래로 보지 않아 세금계산서 발행의무가 면제되므로 양도한 원장은 부가가치세를 징수하지 않고 세금계산서를 발행하지 않아도 된다.

나. 포괄양수도가 아닌 경우

병원을 양도하면서 주고받는 권리금은 세금계산서 발급 대상에 해당[2]한다. 부가가치세는

---

1) 부가가치세법 시행령 제23조에 따라 포괄양수도란 사업에 관한 모든 권리와 의무를 포괄적으로 승계시키는 것을 의미한다.
2) 대법원2007두25879. 점포를 양도하고 수령한 돈은 점포에 관한 임차권 등에 대한 무형의 재산적 가치의 양도대가라 볼 것이고,

10%에 해당하므로 병원을 양도하는 하는 원장은 세금계산서를 발행하고 양수인으로부터 10%의 세금을 추가로 받아야 한다. 만일 양수도대금을 1억으로 책정하고 1억만 받은 경우 해당 금액에 부가가치세가 포함되어 있는 것으로 간주하여 추후 양도한 원장에게 10/110에 해당하는 9,090,909원의 부가가치세가 부과되고 관련 가산세가 부과되어 손해를 입을 수 있기에 유의해야 한다.

2) 면세사업자인 경우

가. 포괄양수도인 경우

면세사업자는 부가가치세를 징수할 필요가 없어 양도한 원장은 세금계산서가 아닌 계산서를 발행해야 한다. 언급한 바와 같이 포괄양수도에 해당하는 경우 계산서를 발행하지 않아도 된다.

나. 포괄양수도가 아닌 경우

원칙적으로 계산서 발행 대상이므로 양도한 원장은 계산서를 발행해야 한다. 다만 과세사업자와는 달리 면세사업에 관련된 것으로 양수인에게 10%의 부가가치세를 추가로 징수할 필요는 없다. 계산서를 발행하지 않는 경우 미발행으로 보아 추후 관련 가산세가 부과될 수 있다.

상기 내용을 종합하면 양수도 거래에서의 부가가치세 문제는 다음과 같다.

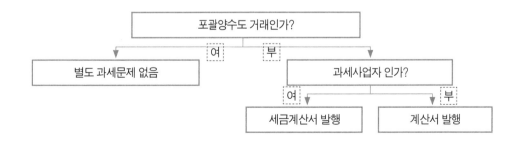

이는 재산적 가치가 있는 권리의 공급이므로 부가가치세 과세 대상이라 할 것임.

(2) 양수한 원장의 권리금에 대한 원천징수와 양도한 원장의 소득세

1) 양수한 원장의 원천징수의무

권리금을 1억으로 가정하면 양수한 원장은 1억을 그대로 지급하면 안 되고 8.8%의 세금을 징수한 후 차액인 91,200,000원을 지급하고 양도한 원장이 원천세로 납부해야 할 세금 8,800,000원을 국세청에 대납해야 한다.

2) 양도한 원장의 종합소득세 신고 의무

양도한 원장은 권리금을 수령하였으므로 종합소득세를 납부해야 한다. 권리금에 대한 세금은 병원을 양도한 날이 속하는 해의 다음해 종합소득세 신고에 반영되며 1억을 받았다고 해서 1억이 모두 과세되는 것은 아니고, 60%를 필요경비로 공제해 주므로 4천만 원에 대해서만 소득세를 납부하면 된다. 그리고 권리금을 받을 때 못 받은 8,800,000원의 세금은 선납세금으로 종합소득세 신고 시 납부해야 할 세금에서 차감된다.

(3) 양수도 거래에서의 세금분석

상기 양수도 거래에서 양도 원장과 양수 원장의 세금은 다음과 같이 구분할 수 있다. 다음 표에서와 같이 동일한 1억의 권리금이라 하더라도 소득으로 산입되는 양도 원장과 비용으로 산입되는 양수 원장의 세액효과가 다름을 알 수 있다.

	양도 원장	양수 원장
권리금	100,000,000	100,000,000
(-) 공제액	60,000,000	-
기타소득금액	40,000,000	-

세금효과			
세율	양도 원장	인수 원장	세금 효과
6.6%	2,640,000	6,600,000	3,960,000
16.5%	6,600,000	16,500,000	9,900,000
26.4%	10,560,000	26,400,000	15,840,000
38.5%	15,400,000	38,500,000	23,100,000
41.8%	16,720,000	41,800,000	25,080,000
44.0%	17,600,000	44,000,000	26,400,000
46.2%	18,480,000	46,200,000	27,720,000

44%의 세율을 적용받는 원장님의 경우라면 양도 원장이 권리금으로 인해 내야 될 세금은 17,600,000원이 되고 인수 원장은 권리금을 경비처리하여 얻는 절세효과가 44,000,000원이 된다. 1억에 대해 신고한 것은 동일함에도 둘의 세금 효과가 차이가 나는 이유는 앞서 언급한 바와 같이 양도 원장은 권리금의 60%를 경비로 인정받아 총 권리금 1억 중 4천만 원에 대해서만 세금을 내면 되기 때문이다.

만일 권리금을 주고받은 뒤 세금신고를 생략한다면 상기 원천징수의무를 미이행한 것에 대해 지급명세서 제출 불성실 가산세와 원천징수 납부불성실 가산세 등이 부과될 수 있으며 양수한 원장은 권리금을 지급하고도 이를 비용에 산입할 수 없기 때문에 큰 손해가 발생하게 된다. 또한 양도한 원장도 추후 세무조사 시에 권리금을 무신고한 점에 대해 과세문제가 발생할 수 있다.

또한 권리계약서에 권리금을 명시하고 세금신고를 무시하는 경우 추후 양도한 원장이나 양수한 원장 측에서 세무문제가 발생했을 경우 해당 세금은 누구에게 귀속시켜야 하는지 법적 분쟁도 발생할 수 있으므로 성실하게 신고해야 한다.

2

병원 양수도 시 유의점

(1) 기존 병원의 부채문제

병원을 인수한 뒤 기존 병원의 부채에 대해 인수한 원장에게 상환을 요청하는 경우가 있을 수 있다. 이러한 부채에는 전자차트, 제약회사 등 업체에게 지급하지 않은 금액도 있을 수 있지만 임차료, 관리금, 전기요금, 수도요금 등 공과금에 대한 미납이 있을 수도 있다. 그러므로 병원을 양수도하면서 양수한 원장에게는 기존 병원의 부채가 아무런 영향을 미치지 않는 점을 양수도 계약서에 기재하는 것이 좋다.

(2) 미지급 급여와 퇴직금 정산

병원을 양수하면서 기존 병원에 근무하던 직원들의 고용을 승계하는 경우가 많다. 이 경우 해당 직원에게 지급되지 않은 급여나 퇴직금 등이 있으면 양도 양수일을 기준으로 금액을 파악하여 양도하는 원장이 정산해야 하며 이러한 내용들을 양수도 계약서에 기재하는 것이 좋다.

(3) 양도 원장의 협력의무 기재

양수도 계약서를 쓸 당시에는 협조적인 듯하지만 막상 양수과정이 시작되면 양도 원장이 연락이 안 되고 협조가 되지 않는 경우가 있다. 양수 과정에서 세금 정리에 관한 문제뿐만 아니라 환자 차트 등 병원 경영적인 측면에서도 양도 원장의 협조가 필요하므로 양수도 계약서에 이러한 협조의무를 기재하고 미이행 시 양도 원장의 귀책으로 양수도 계약이 해지될 수 있음을 기재하는 것이 좋다.

그리고 양도한 병원이 소재한 시군구에는 개원을 할 수 없다는 등의 재개원 금지 조항을 기재하는 것이 좋다.

(4) 임대인과의 임대차계약 내용 확인

병원을 양수하는 경우 기존의 임대차계약서를 승계하게 된다. 그러므로 기존의 원장과 임대인이 작성한 임대차계약서를 미리 확인하고 수정하거나 정정할 내용이 있는지 확인해야 한다.

(5) 용도변경 등 건물 자체의 문제

병원을 운영하던 자리가 아니라면 병의원 허가를 위해 업종변경 등 예상 못 한 비용이 발생할 수 있다. 또한 병원을 운영하던 자리라도 허가가 아주 오래전에 난 경우 새로운 규정을 적용하면 병원 허가를 받기 어려운 경우가 있다.

이로 인해 병원의 개원일자가 미뤄지는 경우가 많으므로 개원지 관할 보건소에 병원이 개설 가능한 곳인지 확인해야 한다.

3

브랜드 병원(네트워크 병원)의 장단점

(1) 브랜드 병원의 장점

브랜드 병원에 가입하여 개원하는 경우 다음의 장점이 있을 수 있다.

1) 마케팅에 대한 피로도 해소

브랜드 병원의 대표적인 장점은 병원 브랜드에 대한 환자의 높은 인지도를 개원하자마자 확보할 수 있고 마케팅에 신경 쓰지 않고 의료에 집중할 수 있는 점이다. 개원하는 의사들은 개원이 처음인 경우가 대부분이라 개원 초기에 가장 고민하는 부분이 환자의 유입이고 개원 후에도 마케팅에 대한 고민을 많이 하게 된다. 의료 본연의 부분이 아닌 경영상의 부분이라 의사들은 익숙지 않음에 대한 스트레스를 호소하는 편이며 이를 브랜드 병원을 통해 해결할 수 있는 장점이 있다.

2) 의료기술에 대한 교육

브랜드 병원은 특정 의료 분야에 특화된 경우가 많다. 브랜드 병원의 메인 진료항목이 개원 하는 의사가 이미 알고 있는 경우라도 브랜드 병원에서의 지식교류를 통해 더욱 강화할 수 있 으며 부족한 경우라도 배워 나갈 수 있다.

3) 새료비 설감효과

브랜드 병원에 소요되는 의료 재료들은 브랜드 병원 전체에서 일괄적으로 매입하는 경우가 대다수다. 그러므로 업체에 대해 구매력이 확보되어 단독개원으로 구매했을 때보다 할인을 받을 수 있는 효과가 있다.

4) 인사노무 측면

개원의들이 많은 피로감을 호소하는 항목이 인사노무에 관한 사항이다. 브랜드 병원에서는 직원이 갑작스레 이탈하더라도 본원 또는 다른 지점을 통해 동일한 업무를 수행할 수 있는 역량을 지닌 직원의 도움을 받을 수 있다.

그리고 직원을 채용할 때에도 브랜드 병원의 높은 인지도를 바탕으로 우수한 인재를 우선 확보할 수 있는 기회를 가질 수 있다.

5) 컨설팅 측면

일부 브랜드 병원에서는 개원입지, 자금, 마케팅, 인테리어, 세무 등의 컨설팅을 외부업체와 제휴하여 진행하는 경우가 있다. 이런 경우 해당 브랜드 병원의 장점을 잘 아는 전문가들의 도움을 받아 개원할 수 있기에 개원에 대한 리스크를 줄일 수 있다.

다음은 브랜드 병원의 단점에 대해 살펴보겠다.

(2) 브랜드 병원의 단점

1) 비용문제

브랜드 병원은 가입하는 경우 컨설팅비를 지급하고(지급하지 않는 곳도 있다.) 매월 본원에 브랜드 사용료와 컨설팅비를 지급하는 경우가 많다. 이러한 비용이 브랜드 병원에 따라 과도하게 책정되는 경우 과다한 지급금액에 대해 부담감을 느낄 수 있다. 그러므로 브랜드 병원에 가입하고자 하는 경우 대략적인 손익을 계산해 보거나 세무사의 도움을 받아 손익을 판단한 뒤 적정한 금액인지를 따져 볼 필요가 있다. 이러한 검토 없이 막연히 가입하는 경우 개원

뒤에 지출되는 금액에 대해 부담감을 느끼는 경우가 많다.

2) 업체 선정에 대한 문제

브랜드 병원은 언급한 바와 같이 특정 업체와의 독점계약을 통해 본원과 지점의 구매력을 확보하여 가격의 절감이나 서비스의 향상을 도모하는 경우가 많아 본인이 희망하는 업체와 계약을 하는 것이 어려울 수 있다. 다만 본인이 직접 찾아보는 업체에 비해 브랜드 병원이 거래하는 업체들이 우수할 가능성이 높아 큰 단점으로 보기는 어려울 수 있다.

3) 상권에 대한 문제

브랜드 병원의 장점이 환자 입장에서는 어느 지점을 가더라도 비슷한 수준의 의료 서비스를 제공받을 수 있으나 이미 지점이 개원한 지역 인근에 다른 지점이 개원을 하는 경우 환자가 겹쳐서 문제가 발생할 수 있다. 이를 대비해 보통 브랜드 병원에서는 권역을 구분하여 지점 간 환자가 겹칠 수 있는 지역에는 최대한 신규 개원을 지양하는 것으로 보인다.

4) 관리 측면에서의 문제

브랜드 병원에 가입한 지점원장들은 개원 후 연차가 지나면 본원에서 신규로 개원하는 지점 위주로 관리에 집중한다는 불만을 갖는 경우가 있다. 이는 지점원장들이 주로 호소하는 문제로 매우 주관적인 부분이긴 하지만 실무에선 다수 발생하는 사례로 보인다.

4

공동개원 시 동업계약서 작성의 유의사항

동업계약서가 문제가 되는 경우는 동업이 해지되는 시점이고 가장 첨예하게 대립하는 사안은 탈퇴하는 원장에 대한 권리금 산정 문제이다. 나아가 탈퇴하는 원장이 인근에 개원을 해 버리는 경우도 문제가 된다. 천재지변, 신변 문제 등을 제외하고는 일반적으로 동업을 시작할 당시와는 달리 감정이 소원해진 상태에서 헤어지는 경우가 많다.

권리금의 경우 동업계약서에 명확하게 기재하지 않으면 추후 법원이 선임한 감정인 등을 통해 외부 감정을 의뢰하게 되며 이때 산정된 금액은 과다 또는 과소하여 상호 합의가 되지 않는 경우가 많다. 그러므로 동업계약서를 작성할 때 권리금은 "동업 관계를 단순변심 등으로 인해 중도해지하는 경우에는 투자금의 50%만 지급하는 것으로 한다." "동업자와 관계없는 외부 감정인 2개 업체를 산정하여 계산된 권리금의 평균가액으로 한다."는 등의 구체적인 문구가 기재되어야 하며 작성된 계약서에 대해 의료전문 변호사의 자문을 받을 것을 권고한다.

탈퇴한 원장이 차트를 가지고 인근에 개원을 해 버리는 경우에도 문제가 될 수 있으므로 "일방적으로 계약을 해지하는 경우 기존 병원이 속해 있는 시군구에는 개원을 할 수 없다"는 등의 내용을 기재하는 것도 도움이 될 수 있다.

5

공동개원 시 자금관리 방법

병원의 사업용으로 사용하는 통장과 카드를 개인 통장, 카드와 구분하여 사용하는 것이 관리도 수월하고 추후 발생할 수 있는 세무조사에도 유리할 수 있다. 동업자가 공용으로 사용할 병원의 수입 입금용 계좌, 병원의 지출용 계좌, 병원의 경비를 지출하기 위한 신용카드를 별도로 만들어서 사용하면 된다.

개원 전까지 소위 세후급여(넷급여)에 익숙한 의사들은 매월 정해진 지급액을 바탕으로 생활을 하는 습관이 배어 있는 경우가 많다. 헌데 병원을 개원하고 나면 매월 수입도 불특정하고 비용도 다르며 세금도 얼마가 지출될지 예상하기가 어려워 자금관리에 어려움을 겪는 경우가 많다.

공동개원의 경우 동업자의 존재로 인해 수익금을 자의적으로 배분하기 어려워 이런 어려움이 심화될 수 있어 페이닥터로 근무할 때와 마찬가지로 동업자 간 협의하여 매월 일정 금액의 수익을 분배하여 마치 급여처럼 가져가는 것이 도움이 될 수 있다. 단, 언급한 바와 같이 수익과 지출을 예상하기 어렵기에 개원 초기에는 매월 적은 수준으로 분배하고 분기 말에 다시 한번 재정산을 하고 이익금의 일부를 지출을 대비해 남겨 두는 방식으로 협의하는 것이 도움이 된다.

간혹 공동개원을 한 병원장들이 담당 세무사의 기장자료를 바탕으로 수익금의 분배를 문의하는 경우가 있는데 병원에서 집계하는 수익, 비용과 세무사가 기장하는 내용은 세법의 차이로 인해 개원 초기에는 다를 수 있다.

예를 들어 개원을 위해 인테리어 비용을 1억 투자하였고 그 외 5년간 비용이 없으며 매출은 1억씩 발생하는 경우를 가정했을 때 병원의 통장잔액은 다음과 같다.

구분	1년 차	2년 차	3년 차	4년 차	5년 차
매출	1억 원	1억 원	1억 원	1억 원	1억 원
비용	1억 원	0원	0원	0원	0원
이익	0원	1억 원	1억 원	1억 원	1억 원

한편 세무사가 기장을 할 때에는 세법에 따라 1억 원의 인테리어 비용을 감가상각을 통해 비용처리해야 한다. (사례, 5년 정액법)

구분	1년 차	2년 차	3년 차	4년 차	5년 차
매출	1억 원	1억 원	1억 원	1억 원	1억 원
비용	2천만 원	2천만 원	2천만 원	2천만 원	2천만 원
이익	8천만 원	8천만 원	8천만 원	8천만 원	8천만 원

두 표를 비교해 보면 개원 1년 차에 병원의 통장에는 잔고가 없지만 세무상으로는 8천만 원의 이익이 발생하여 세금을 내는 경우가 있을 수 있다. 다소 불합리해 보일 수 있으나 2년~5년 차에 비용지출이 없음에도 2천만 원씩 비용으로 산입되므로 불합리한 것은 아니다. 중요한 점은 이렇게 통장과 세무기장 내용의 차이가 있을 수 있으므로 동업자 간 분배를 할 때에는 통장을 기준으로 해야 한다는 점이다.

6

공동개원과 단독개원의 세금 차이

　공동개원을 한다고 하여 단독개원에 비해 높은 종합소득세율이 적용되거나 세금 정산에 차이가 발생하는 것은 아니다. 공동개원을 하는 경우 세금계산을 위해 우선 병원 전체의 수익과 비용을 결산한다. 그 후 약정된 손익분배비율을 바탕으로 세무상 분배된 이익을 계산하고 이를 바탕으로 동업자 개개인에게 귀속될 최종 수익을 확정하게 된다. 이 경우 개개인마다 부양하고 있는 가족이 다르고 다른 소득이 있을 수 있기 때문에 병원의 수익을 1/N로 정산하더라도 동업자 간 납부해야 할 세금을 차이가 발생할 수 있다. 사례는 다음과 같다.

(1) 병원결산

구분	금액
매출	15억 원
비용	6억 원
이익	9억 원

(2) 동업자 간 세금계산 (1/N 또는 사전약정비율)

	A 원장	B 원장	C 원장
사업소득금액(병원)	3억 원	3억 원	3억 원
사업소득금액(임대)			1.5억 원
배당소득금액		5천만 원	
이자소득금액			
기타소득금액			
연금소득금액			
근로소득금액	2억 원		
종합소득금액	**5억 원**	**3.5억 원**	**4.5억 원**
기본공제[1]	1백5십만 원	3백만 원	4백 5십만 원
세율	40%	40%	40%
산출세액	**1.7억 원**	**1.1억 원**	**1.5억 원**

이와 같이 병원에서는 9억 원의 이익이 발생하고 이를 3명의 원장이 3억씩 분배하였으나 원장별로 귀속되는 다른 소득이 있고 부양가족의 숫자가 다르기에 납부해야 할 세금에는 차이가 있을 수 있다.

---

3) 부양가족의 수에 따라 다를 수 있음.

7

실제로는 동업인데
동업자를 페이닥터로 등록하는 경우

실제로는 동업관계로 공동개원에 해당함에도 불구하고 다음의 이유로 1명만을 대표원장으로 사업자등록을 하고 나머지 동업자들을 페이닥터로 등록하려고 문의하는 경우가 있다.

(1) 폐업 후 명의변경 시 세무조사를 회피할 수 있다는 이유

폐업 후 페이닥터로 등록된 원장을 다시 대표원장으로 사업자등록을 하고 나머지 1인은 다시 페이닥터로 들어가는 방식을 반복하면 세무 당국의 감시를 피할 수 있다고 생각하는 경우가 있다. 하지만, 이는 잘못된 생각으로 오히려 폐업과 재개업을 반복하면 이런 행위가 문제가 되어 세무조사 대상자로 선정될 수 있으니 유의하자

(2) 4대 보험료나 세금을 줄일 수 있다는 이유

페이닥터의 급여를 조절하여 종합소득세와 건강보험료를 줄일 수 있다고 생각하지만 페이닥터의 급여를 줄인 만큼 대표원장의 종합소득세와 건강보험료가 늘어나기 때문에 아무런 의미가 없다.

물론 개원 초기에 병원이 손익분기에 가깝거나 적자가 나서 낮은 세율이 적용되는 상황이라면 페이닥터의 급여를 조절하여 세금이나 건강보험료를 일부 줄일 수 있겠지만 이 또한 금액적 효과가 크지 않다.

또한, 소득세법 제81조의4 제1항에 따라 공동사업장의 등록을 허위로 하는 경우 매출의 0.5%에 달하는 가산세가 부과되며 사업자등록 당시 제출한 서류가 허위로 작성된 경우에도 매출의 0.5%에 달하는 가산세가 부과된다. 연매출을 30억 정도로 가정하는 경우 1년에 1천5백만 원씩 가산세가 부과될 수 있으며 세무조사 결과 5년 치를 한 번에 부과하는 경우 가산세로만 7천5백만 원을 납부해야 할 수 있으므로 주의해야 한다.

8

선배나 동기가 하던 병원에
지분을 매입하는 경우의 세금문제

   기존에 운영하던 병원의 지분을 양수하여 새롭게 공동사업을 구성하는 경우가 있다. 이 경우에는 우선 기존 병원에 가치 평가가 문제가 된다. 병원 가치를 평가하는 방법에는 외부인인 세무사, 감정평가사, 공인회계사에게 의뢰하는 방법이 있을 수 있고 업계의 관행에 따라 대략 6개월 치 이익, 3개월 매출 등으로 단순히 평가할 수도 있다.

   병원 가치 평가가 완료되면 양수하는 지분율에 상당하는 권리금을 지급하게 되며 권리금을 지급할 때에 원천징수대상 소득으로 보아 8.8%의 세금을 차감하고 지급해야 한다. 기존에 병원을 운영하던 원장은 지급받은 권리금에 대해 지분을 양도한 다음 해에 종합소득세 신고에 권리금을 합산하여 신고해야 한다.

II

임대차계약 단계

1

임대차계약 시 유의사항

(1) 확정일자 대상인지 확인

확정일자란 건물소재지 관할 세무서장이 그 날짜에 임대차계약서의 존재 사실을 인정하여 임대차계약서에 기입한 날짜를 의미하며 실무에서는 보증금을 보호하기 위한 수단으로 활용된다. 즉 임차한 건물이 경매나 공매로 매각되는 일이 발생하더라도 후순위 권리자보다 우선하여 보증금을 변제받을 수 있게 된다.

다만 모든 임대차계약에 대해 확정일자를 부여하는 것은 아니므로 임대차계약 대상 물건의 보증금과 월세가 확정일자를 받을 수 있는 금액 범위에 있는지를 확인할 필요가 있다. 물건지에 따라 환산보증금[4]이 다음의 금액을 초과하지 않으면 확정일자를 부여받을 수 있다.

지역	환산보증금
서울특별시	9억 원
수도권 과밀억제권역, 부산광역시	6억 9천만 원
그 외 광역시, 세종특별시, 파주시, 화성시, 안산시, 용인시, 김포시 및 광주시	5억 4천만 원
그 밖의 지역	3억 7천만 원

확정일자를 신청하기 위해 필요한 서류는 다음과 같다.

---

4) 월 임차료 × 100 + 보증금

① 확정일자 신청서

② 임대차계약서 원본

③ 사업장 도면(구분등기 된 건물의 일부만 임차한 경우)

④ 신분증

■ 상가건물 임대차계약서상의 확정일자 부여 및 임대차 정보제공에 관한 규칙 [별지 제1호서식]

확정일자 신청서

※ 색상이 어두운 난은 신청인이 적지 않습니다.

(앞쪽)

접수번호		처리기간 즉시	
임차인 (신청인)	성명(법인명)	주민(법인)등록번호	
	상호	사업자등록번호	
	주소(본점)	전화번호	휴대전화번호
임대인	성명(법인명)	주민(법인)등록번호	
	주소(본점)	전화번호	휴대전화번호
임대차 계약내용	상가건물 소재지(임대차 목적물) *상가건물명, 동, 호수 등 구체적으로 기재*		
	계약일	임대차기간	
	보증금	차임	
	면적(m²) m²	확정일자번호	

※ *아래 난은 대리인에게 확정일자 신청을 위임하는 경우 적습니다.*

신청인은 아래 위임받은 자에게 확정일자 신청에 관한 사항을 위임합니다.

위임 받은 자	성명	주민등록번호
	신청인과의 관계	전화번호

「상가건물 임대차보호법」 제5조제2항에 따른 확정일자를 신청합니다.

년   월   일

신청인   (서명 또는 인)

위임받은 자   (서명 또는 인)

세무서장 귀하

(2) 용도변경 등 건물 자체의 문제 확인

앞서 언급한 바와 같이 병원을 운영하던 자리가 아니라면 병의원 허가를 위해 업종변경 등 예상치 못한 비용이 발생할 수 있다. 또한 병원을 운영하던 자리라도 허가가 아주 오래전에 난 경우 현재 시행되는 법령을 적용하면 병원 허가를 받기 어려운 경우가 있다. 이로 인해 병원의 개원일자가 미뤄지는 경우가 많으므로 개원지 관할 보건소에 병원이 개설가능한 곳인지 확인해야 한다.

(3) 장애인 편의시설 등 설치에 대한 점검

장애인·노인·임산부 등의 편의증진 보장에 관한 법률 시행령 제2조에 따라 바닥면적의 합계액이 100㎡ 이상인 의원, 치과의원, 한의원, 조산원, 산후조리원과 병원급 의료기관은 장애인·노인·임산부 등을 위한 편의시설을 설치해야 한다. 여기서 편의시설이라 함은 주출입구 접근로, 장애인 전용 주차구역, 출입구, 복도, 계단 또는 승강기, 화장실 등에 별도로 시설을 구비해야 함을 의미한다. 이러한 시설이 미비되는 경우 의료기관개설허가에 문제가 있을 수 있으므로 사전에 인테리어 업체와 반드시 협의를 해야 한다.

(4) 상가 임대차 보호법에 대한 확인

상가건물임대차보호법 제10조제1항에서는 임차인이 임대차계약이 만료되기 6개월 전부터 1개월 전까지의 사이에 계약갱신을 요구할 경우 정당한 사유 없이 거절하지 못하도록 정하고 있다. 이를 계약갱신요구권이라 부르며 최초의 임대차기간을 포함하여 10년을 초과하지 않는 범위에서 행사할 수 있도록 정하고 있다.

(5) 월세와 보증금의 인상제한 규정

상가건물임대차보호법 제11조에서는 월세와 보증금의 증액을 5%를 한도로 하도록 정하고 있다. 다만 모든 상가임대차계약에 증액한도 규정이 적용되는 것은 아니고 지역별로 앞서 언급한 환산보증금의 범위 내에 있는 임대차계약에만 적용된다. 즉, 환산보증금을 초과하는 임대차계약은 월세와 보증금을 5% 넘게 올릴 수 있는 점을 참고해야 한다.

(6) 전대 관련 규정

전대란 임차한 부동산을 다시 타인에게 임차하는 것을 의미한다. 예를 들어 산부인과에서 임차한 공간 중 일부를 타인에게 빌려줘서 산후조리원을 만들거나 재활의학과에서 일부를 타인에게 빌려줘서 필라테스센터를 만드는 등 하나의 공간에 2명의 사업자가 사업을 하기 위해서는 원칙적으로 전대가 필요하다. 또한 원장이 병원의 경영을 지원하기위한 목적회사인 MSO를 병원 내부에 만드는 경우에도 원장이 법인에게 전대를 해야 한다.

이러한 전대의 경우 임대인(건물주)의 동의가 반드시 필요하다. 임대차계약서를 작성할 당시에는 전대에 대해 정하지 않고 개원 이후 필요에 의해 전대동의를 요구하는 경우 임대인은 이를 거부하는 경우가 많다. 임대인의 입장에서는 전대동의를 하는 경우 임차인이 무분별하게 본인의 건물에 사업장을 다수 개설할 수 있는 것에 대해 거부감을 느끼기 때문이다. 그러므로 전대를 통해 공간을 활용할 계획이 있는 원장의 경우 임대차계약을 작성하기 전에 임대인에게 미리 동의를 받아서 임대차계약서상 특약에 전대에 관한 내용을 기재해 두기를 권장한다.

(7) 기타 실무적으로 확인해야 할 사항

병원 건물 주차장에 주차할 수 있는 주차 대수 규정, 환자 주차권에 관련된 규정, 간판을 설치할 수 있는 위치와 입간판을 설치할 수 있는지 여부 등도 확인해야 한다.

2

부동산을 분양받거나 매수하여 개원하는 경우 유의사항

(1) 취득단계

1) 취득세

취득단계에서는 우선 건물에 대한 취득세를 고려해야 한다. 일반적인 상가건물의 경우 4.6%의 세율[5]이 적용된다. 다만, 부동산임대법인을 설립하여 건물을 매수하는 경우 수도권 과밀억제권역 내에 설립된 지 5년 미만의 법인이 수도권 내에 취득하는 부동산에 대하여는 중과세가 적용되어 세율이 9.4%까지 증가할 수 있으므로 유의해야 한다.

2) 부가가치세

매입한 건물 중 건물분에 대해서는 부가가치세 10%가 가산된다. 사업자등록을 하고 매도인으로부터 세금계산서를 수취하는 경우 수취받는 자가 면세사업자인지 과세사업자인지에 따라 부가가치세 10%의 환급 여부는 달라진다.

면세사업자인 원장이 개인명의로 부동산을 구매하는 경우 해당 부동산은 면세업에 사용되는 부동산으로 보아 부가가치세는 환급받을 수 없다. 한편 과세사업자인 원장과 임대업 법인으로 구매하는 경우 부가가치세 10%를 환급받을 수 있으니 참고하자.

---

5) 취득세, 농어촌특별세, 지방교육세 합계

3) 자금출처문제

국세청에서는 직업, 연령, 경제력 등을 바탕으로 자력으로 부동산을 취득하기 어려운 자가 부동산을 취득하는 경우 취득자금에 대한 출처조사를 하게 된다. 주로 미성년자인 자녀에게 상가지분을 일부 증여하고 이를 신고하지 않은 채로 부동산을 취득하거나 세금을 제대로 납부하지 않고 소득을 탈루한 상태에서 부동산을 취득하는 경우 세무조사가 발생하게 되므로 유의해야 한다.

(2) 보유단계

원장의 명의로 부동산을 취득하여 병원에 사용하는 경우 건물가액에 대한 감가상각비와 건물을 취득하는 데 조달한 부채에 대한 이자비용이 병원의 경비로 산입된다. 부동산임대법인의 명의로 부동산을 취득하는 경우 병원과 임대차계약이 필요하며 병원은 부동산임대법인으로부터 임차료에 대한 세금계산서를 받아 경비로 산입되게 된다. 이때 임차료는 인근 부동산의 시세를 감안하여 시세 수준으로 책정해야 하며 과도하게 설정하거나 과소하게 설정하는 경우 모두 세법상 부당행위계산 부인의 대상이 되어 문제가 발생할 수 있다.

(3) 양도단계

부동산을 양도하는 경우 원장의 명의로 부동산을 취득한 경우에는 양도소득세를 납부하게 되며 법인명의로 취득한 경우 법인세를 납부하게 된다. 일반적으로 소득세에 비해 법인세율이 저렴하지만 법인에 누적된 잉여금을 인출하는 경우 소득세를 부담하므로 부동산의 보유 목적과 보유 기간을 고려한 뒤 세금의 차이를 비교하여 판단해야 한다.

3

개원자금 계획을 수립하는 경우 고려할 점

(1) 금융권을 통해 자금을 조달하는 경우

대출에 대한 정책은 시기에 따라 다르므로 개원하는 시기에 맞는 대출정책을 파악할 필요가 있다. 일반적으로 개원을 하는 원장은 소위 닥터론이라 불리는 신용대출과 신용보증기금을 통한 추가 대출을 모두 활용하는 경우가 많다. 시중은행의 닥터론을 활용함에는 큰 문제가 없으나 신용보증기금을 활용하는 경우 사업자등록증상 개업일이 대출 여부에 영향을 미칠 수 있다. 일반적으로는 개업일 이전에 신용보증기금을 통해 대출을 신청해야 하는데 자칫 개업일이 지난 경우 신용보증기금의 대출을 활용할 수 없게 되는 경우가 있다. 그리고 간혹 금리지원정책도 개업일에 따라 달라질 수 있으므로 대출을 준비하는 과정에서는 대출 상담사와 세무사 모두의 도움을 받아서 원활하게 진행할 수 있도록 해야 한다.

(2) 친족 등을 통해 자금을 지원받는 경우

원장의 부모, 처의 부모 등으로부터 개원자금을 지원받는 경우가 있다. 이 경우 지원받은 자금을 상환하지 않을 계획인 경우 원장은 증여세 납부의무가 있으며 증여세율은 다음과 같다.

증여 받은 금액	세율
1억 원 이하	10%
1억 원~5억 원	20%
5억 원~10억 원	30%
10억 원~30억 원	40%
30억 원 초과	50%

만일 자금을 임시로 빌린 것이라면 증여세 납부의무는 없으나 자금을 상환해야 하고 이를 입증할 수 있는 다음의 사항을 준비해야 한다.

1) 차용증(공증해 두면 더 유리)
2) 매월 이자 지급 및 지급 내역(통장)
3) 원장은 이자를 지급하고 지급 시 27.5% 세율로 원천징수하여 세금 납부
4) 이자를 받은 자는 이자에 대한 종합소득세 신고

참고로 병원을 과세사업자로 개원하는 경우 통상 개원하고 첫 번째 부가가치세 신고 시 부가가치세가 환급되는 경우가 많다. 부가가치세 환급을 위해서는 세무서에 업체에게 대금을 지급한 내역과 계약서 등 증빙서류를 제출해야 하는데 간혹 증여문제를 피하고자 부모님 등 친족이 업체에게 직접 계좌이체를 하는 경우가 있다. 이 경우 부가가치세 환급에도 문제가 생길 수 있고 경우에 따라 증여세가 과세될 수 있으니 유의해야 한다.

(3) 본인의 자금으로 개원하는 경우

본인이 보유한 자금으로 개원을 하는 경우 통장에 자금이 있다고 하더라도 해당 자금이 국세청에 신고된 세후 소득인지를 고려해야 한다.

근래에는 많이 변하고 있으나 전통적으로 의료업계에서 페이닥터에게 급여를 지급하는 방식은 넷급여 방식이다. 넷급여는 페이닥터에게 발생하는 세금과 4대 보험료를 병원이 부담하고 실수령액을 정해서 일관되게 지급하는 방식을 의미한다. 이러한 계약을 체결한 경우 병원 입장에서는 페이닥터의 높은 4대 보험료와 세금을 부담하기가 어려워 페이닥터의 급여를 축소신고하여 당장 부과될 4대 보험료와 세금을 과소신고하는 경우가 있다. 예를 들어 넷트 1,000만 원을 급여로 주기로 약정하고 300만 원 정도는 현금으로 지급하는 방식이다. 만약 이런 경우에 해당한다면 페이닥터의 입장에서는 국세청에 신고된 소득이 1,000만 원이 아니라 700만 원이기 때문에 300만 원은 세금을 납부하지 않은 세전소득이 된다. 한편 과거부터 부

모님께 집 보증금 지원 등의 명목으로 돈을 받고 증여세신고를 하지 않은 경우에도 해당 자금이 원장의 입장에서는 쓸 수 있는 돈이지만 세무 당국에서 보았을 때는 세금이 신고되지 않은 세전 소득이 될 수 있다.

그러므로 개원자금을 준비하면서 본인의 가용자금이 모두 세후소득에 해당하는지 검토할 필요가 있다.

4

업체와 계약을 하는 경우 유의사항

(1) 업체에게 지급한 부가가치세 10%는 어떻게 처리가 될까?

부가가치세의 징수의무는 모든 사업자에게 있다. 우리나라에서 사업자등록을 하고 제품을 판매하거나 서비스를 제공하는 사업자는 제품의 대가 또는 서비스의 대가에 10%를 가산하여 소비자에게 징수하고 이를 국가에 납부할 의무가 있다. 그러므로 인테리어 업체, 마케팅 업체, 전자차트 회사 등 개원을 하는 의사에게 제품을 판매하거나 서비스를 제공하는 업체는 대가에 10%를 원장에게 징수해야 하는 것이다.

이에 개원을 하는 과정에서 원장이 작성하는 계약서에 부가가치세 10% 별도의 표시가 있는 것이며, 부가가치세 10%를 부담한 원장의 입장에서 해당 금액은 과세사업자인지 면세사업지인지에 따라 다르게 처리된다.

과세사업자인 경우 원장도 환자에게 부가가치세를 징수해야 한다. 그리고 부가가치세 신고를 할 때 환자에게 받은 부가가치세와 업체에 지급한 부가가치세를 정산하여 납부금액을 정하게 된다. 100% 과세진료만 하는 병원이라면 업체에게 지급한 부가가치세 전체금액이 납부해야 할 부가가치세에서 공제가 된다.

면세사업자인 경우 원장은 환자에게 부가가치세를 징수할 필요가 없는 면세사업자에 해당하여 부가가치세 신고 대상자가 아니다. 그러므로 업체에게 지급한 부가가치세를 포함하여 업체에게 지급한 금액 전체가 경비처리된다.

(2) 계약금, 중도금, 잔금 거래인 경우 세금계산서는 어떻게 처리될까?

상가를 분양받거나 인테리어 계약을 하는 경우 등 개원을 하는 과정에서 업체에게 지급하는 대가를 분할해서 지급하는 경우가 있을 수 있다. 이 경우 세금계산서는 언제 받아야 할까?

1) 계약금 지급일의 다음 날부터 잔금일이 6개월 이내인 경우

통상 잔금일이 업체로부터 재화를 인도받거나 용역의 제공을 완료받는 날이 많다는 가정하에 계약금 지급일부터 잔금일이 6개월 이내인 경우 상가를 사용할 수 있거나 인테리어가 끝나서 병원으로 사용 가능해지는 시점에 세금계산서를 발급 받는 것이 원칙이다.

2) 계약금 지급일의 다음날부터 잔금일이 6개월을 초과하여 분할 지급 시

이 경우에는 계약금 외 중도금 잔금 등을 지급한 날에 세금계산서를 발급 받는 것이 원칙이다.

특히 과세사업자인 병원의 경우 세금계산서를 제대로 발급 받지 않으면 부가가치세 환급신청 시에 문제가 될 수 있으므로 주의해야 한다.

(3) 세금계산서는 어떻게 보는 것일까?

2013년 6월 7일부터 세금계산서는 종이에 직접 작성하던 전통적 방식에서 온라인 전자적 방법으로 발행하는 전자세금계산서를 작성하는 것으로 개정되었다. 법인사업자와 직전 연도 매출액이 1억 원 이상인 개인사업자는 이러한 전자세금계산서를 발행하는 것이 법으로 의무화되어 있어 개원하는 원장들은 대부분의 지출에 대해 전자세금계산서를 발급 받게 된다.

세금계산서에 작성되는 항목은 필요적 기재사항과 임의적 기재사항으로 구분된다. 필요적 기재사항이란 다음과 같다.

1) 업체의 사업자등록번호, 상호, 대표자 성명

2) 병원의 사업자등록번호, 상호, 대표자 성명

3) 세금계산서 작성연월일

4) 공급가액과 부가가치세액

이 4가지 사항이 착오나 과실로 적혀 있지 않거나 사실과 다르게 적힌 경우 과세사업자인 원장의 경우 지급한 부가가치세에 대해 매입세액 공제를 받지 못할 수 있으니 유의하는 것이 좋다.

■ 부가가치세법 시행규칙 [별지 제14호서식] (적색) <개정 2021. 10. 28.>

세금계산서(공급자보관용)

책 번 호 [권 호]
일 련 번 호 [ ]-[ ]

공급자				공급받는자			
등록번호	000-00-00000			등록번호	123-12-12345		
상호(법인명)	세무법인 진솔	성명(대표자)	김규흡	상호(법인명)	홍길동의원	성명(대표자)	홍길동
사업장 주소	서울특별시 00구 00대로			사업장 주소	서울특별시 00구 00대로		
업태	전문직서비스업	종목	세무사업	업태	보건업	종목	일반의원

작성	공 급 가 액	세 액	비 고
연월일 빈칸수	조천백십억천백십만천백십일	천백십억천백십만천백십일	
22 1 31	2 0 0 0 0 0	2 0 0 0 0	

월	일	품 목	규격	수량	단가	공급가액	세액	비고
1	31	1월분 기장료				200,000	20,000	

합 계 금 액	현 금	수 표	어 음	외상 미수금	이 금액을 영수/청구 함
220,000					

210mm×148.5mm (인쇄용지(특급) 34g/㎡)

세금계산서는 이와 같이 구성된다. 전자세금계산서는 홈택스에서 확인할 수 있으며 언급하였던 필요적 기재사항들에 대해 오류가 없는지 확인할 필요가 있다. 다만, 진료를 병행하는 원장의 입장에서는 수많은 세금계산서를 일일이 확인하는 것이 매우 고충스러울 수 있다. 이러한 사업자들의 고충으로 인해 부가가치세법[6]에서는 위의 내용이 일부 착오로 잘못되더라도 다른 증빙서류 등을 통해 거래사실을 확인할 수 있는 경우 패널티를 부과하지 않는 조항도 있으므로 참고하자.

(4) 세금계산서가 없이 거래하자는 업체가 있는 경우 어떻게 해야 할까?

부가가치세 10%를 할인해 준다는 듯한 표현을 사용하며 세금계산서 없이 현금으로 거래를 하자고 제안하는 업체들이 있을 수 있다. 다음의 이유로 이러한 방식은 원장에게 유리하지 않으므로 지양하는 것이 좋다.

1) 과세사업자인 병원의 경우

원장이 부담한 부가가치세 10%는 과세사업자인 병원의 경우 납부해야 할 부가가치세에서 전액 공제가 된다. 그리고 세금계산서를 받지 않으면 종합소득세 계산 시 경비처리에서 배제되는 것이 원칙이라 원장에게 손해가 발생하므로 세금계산서는 발행받아야 한다.

2) 면세사업자인 병원의 경우

부가가치세 납부의무가 없어 부가가치세 공제효과는 없으나 종합소득세 계산 시 경비처리에서 배제되는 것이 원칙이라 원장에게 손해가 발생하므로 세금계산서는 발행받아야 한다.

간혹 업체가 2% 증빙불비가산세를 부담하면 10%의 부가가치세를 부담하는 것보다 저렴하고 가산세 부담 시 종합소득세 계산 시 경비처리가 된다고 안내하는 경우가 있다. 하지만 이런 방식으로 처리하면 원장은 합법적으로 지출한 경비에 대해서도 추후 국세청에 소명을 해야 하며 이렇게 정규증빙이 없는 비용 내역이 많을수록 우선적으로 세무조사 대상자로 선정될 수 있으므로 업체들의 상기와 같은 안내는 잘못된 안내이다.

---

[6] 부가가치세법 시행령 제75조【세금계산서 등의 필요적 기재사항이 사실과 다르게 적힌 경우 등에 대한 매입세액 공제】

(5) 셀프인테리어를 하는 경우 비용처리는 어떻게 될까?

인테리어 업체에게 인테리어를 위탁하는 경우에는 공사대금에 대한 세금계산서만 잘 수취하면 된다. 간혹 셀프로 인테리어를 하는 원장이 있는데 이 경우 다양한 업체 또는 개인과 거래를 할 가능성이 높기 때문에 경비처리를 위해서는 지출내역을 잘 정리해야 하며 다음과 같은 준비가 필요하다.

1) 고용산재 보험 의무가입

건설면허업자가 아닌 개인이 시공하는 연면적 합계 100㎡(200㎡)를 초과하면서 공사금액이 2천만 원 이상인 건축물의 건축(대수선) 공사에 해당하는 경우 공사 착공일로부터 14일 이내에 근로복지공단에 건설공사 보험관계성립신고서를 제출하고 70일 이내에 보험료를 신고하고 납부해야 한다.

2) 각종 인테리어 비용

철거 비용, 건축자재 구매 비용, 전기공사 비용, 냉난방기 구매 비용, 목공 비용 등 다양한 비용이 발생할 수 있으며 이 경우 인테리어에 필요한 업체가 사업자등록이 되어 있는 업체인지 개인인지에 따라 필요한 증빙은 차이가 있을 수 있다. 업체가 사업체인 경우 계약서를 작성한 뒤 병원의 사업자등록번호로 세금계산서를 수취해야 하고 견적서와 계좌이체 내역을 보관해야 한다. 철거업체가 일반 개인인 경우 계약서를 작성하고 상대방의 주민등록중 사본을 받은 뒤 지급 일자와 지급 내역, 지급 명목 등이 적힌 지출 내역을 작성해 두어야 한다.

(6) 약국으로부터 인테리어 비용 등을 지원받는 경우 어떻게 처리해야 할까?

개원을 하는 과정에서 인근에 위치한 약국으로부터 인테리어 비용, 회식비 등 각종 비용을 지원받는 경우가 있다. 의료법적으로는 이러한 문제가 근래에 공론화되어[7] 향후 의사에게 문

---

7) 2021. 7. 8. 복지부 '약국, 병·의원 인테리어비 등 불법지원 척결'

제가 발생할 수도 있을 것으로 보인다. 세법상으로는 소득세법[8]에 병원이 수입금액에 포함되어 종합소득세에 합산과세가 될 수 있으며 경우에 따라 약사로부터 금전을 무상 증여 받은 것으로 보아 증여세가 부과될 수 있으니 유의해야 한다.

(7) 의료장비는 리스가 유리할까, 직접 구매하는 것이 유리할까?

의료장비는 리스를 하건 직접 구매를 하건 모두 경비처리가 되는 점은 동일하다. 다만 리스를 하는 경우에는 의료기를 직접 구매했을 때와 달리 사후관리를 잘 받을 수 있는 점이 장점으로 여겨진다. 이에 개원자금이 여유가 있는지 없는지, 직접 구매했을 때와 리스를 통해 구매했을 때의 사후관리의 차이는 어느 정도인지 등을 바탕으로 의사결정을 진행하는 것이 좋다.

---

8) 소득세법 시행령 제51조【총수입금액의 계산】
    ③ 사업소득에 대한 총수입금액의 계산은 다음 각 호에 따라 계산한다.
    4. 사업과 관련하여 무상으로 받은 자산의 가액과 채무의 면제 또는 소멸로 인하여 발생하는 부채의 감소액은 총수입금액에 이를 산입한다.

Ⅲ

직원구인단계

1

넷급여와 그로스 급여의 차이

통상 근로계약을 할 때는 연봉제로 계약을 하고 연봉에 따라 월급여가 정해진다. 즉, 연봉을 12개월로 나눈 금액이 월 급여액인데 이는 직원에게 입금되는 금액이 아니라 세금과 4대 보험료가 반영되지 않은 그로스 급여에 해당한다. 이 그로스 급여에서 4대 보험과 근로소득세 등을 차감한 차인 지급액을 직원의 계좌로 이체하게 되는데 차인 지급액을 넷급여로 볼 수 있다.

넷급여는 연봉계약을 할 때 차인지급액을 기준으로 맞추어 계약하는 관습적인 방식으로 세법, 노동 관련법에 넷급여라는 법적 정의는 존재하지 않는다. 즉, 넷급여 300만 원으로 계약을 하게 되면 세전급여와는 관계없이 매월 약정한 실수령액 300만 원을 지급하게 되는 계약이 된다.

이러한 계약방식은 병의원 업종에서 유독 많이 발생하고 있으며 원장들이 페이닥터 시절 넷급여로 계약을 했던 관행을 개원가에 그대로 사용하여 개원가에도 이러한 방식이 많이 사용되어 온 것이다. 이러한 넷급여는 의료인력들의 입장에서는 세금이나 4대 보험료를 딱히 고민할 것 없이 약정된 급여만 받고 본연의 업무에 집중하면 되므로 편의상 사용되어 온 것으로 보인다.

하지만 넷급여는 여러 문제를 발생시킬 수 있다. 4대 보험과 세금을 대신 내주는 형태이기 때문에 대납한 금액을 직원의 급여로 간주하여 추가 과세가 이루어질 수 있고, 연말정산 시 혹시 환급액이 나와서 원장이 수령하는 경우도 직원과의 마찰과 근로 기준법 위반 등의 문제가 발생할 수 있다.

이러한 문제들로 인해 전문가들은 연봉제로 계약하는 것을 추천하지만 실제 면접 과정에서 연봉제로 급여를 협의하는 경우 면접관인 원장과 면접자인 직원 모두 받을 금액이 얼마인지 이해를 하지 못하는 문제가 생겨서 실수령액을 정해 놓은 다음 이를 세전 연봉으로 역산하여 그로스로 계약하는 방식을 많이 사용한다. 그리고 일반 그로스 계약과 동일하게 연말정산과 4대 보험료 정산금에 대한 권리와 의무는 모두 직원에게 귀속시키는 방식으로 계약서를 작성한다.

예를 들어 3,000,000만 원의 넷급여 계약을 가정하면 근로계약서에는 300만 원을 역산한 3,475,050원을 그로스 급여로 산정한 뒤 12개월을 곱하여 41,700,600원의 연봉계약으로 작성하고 근로계약서에 연말정산과, 4대 보험 정산금에 관하여는 일반 그로스 계약과 동일하게 직원이 부담한다는 내용을 기재하는 방식이다.

유사한 질문

Q. 직원 수습기간에는 4대 보험에 가입하지 않아도 되는가?

A. 직원이 입사하게 되면 근로계약서를 작성해야 하는데 수습기간이라는 조항을 넣을 수 있다. 수습기간은 법적으로 최대 3개월 정도 둘 수 있고 최저임금의 90%까지 급여를 지급하더라도 문제가 되지 않는다.

다만 수습기간을 두려면 근로계약서에 반드시 명시되어 있어야 하며 직원의 동의가 필요하다. 따라서 근로계약서에 반드시 수습기간을 기재하여야 한다.

이렇게 근로계약서를 통해 수습기간을 가지더라도 4대 보험은 반드시 가입을 해야 한다. 4대 보험을 가입하지 않는 단기간 근로자(주 15시간 미만 근로자 등)는 4대 보험 가입을 하지 않게 되지만 다음의 표에 해당하게 되면 이들도 4대 보험에 의무적으로 가입하여야 한다.

보험 종류	의무가입 조건
국민연금	1개월 이상 계속 근로 + 월 8일 이상 근로 제공 or 월 60시간 이상 근무 or 월 소득 220만 원 이상
건강보험	1개월 이상 계속 근로 + 월 8일 이상 근로 제공 or 월 60시간 이상 근무
고용보험	소정시간근로 월 60시간 이상 근무 or 주 15시간 이상 근무 의무가입
산재보험	근무기간, 근무시간 상관없이 의무가입

2

5인 이상과 5인 미만인 경우 근로기준법의 차이

직원이 몇 명인지에 따라서 근로기준법의 적용이 다른 경우가 있는데 5인을 기준으로 5인 미만 사업장일 경우 근로기준법상 여러 조항이 적용되지 않는데 그 내용은 아래와 같다.

관련 법령	5인 미만	5인 이상
해고의 제안, 서면통지 (근로기준법 제23조, 제27조)	×	○
부당해고 등의 구제신청 (근로기준법 제28조)	×	○
휴업수당 (근로기준법 제46조)	×	○
연장근로의 제한 (근로기준법 제53조)	×	○
연장, 야간 및 휴일 근로 (근로기준법 제56조)	×	○
연차유급휴가 (근로기준법 제60조)	×	○
생리휴가 (근로기준법 제73조)	×	○
기간제근로자의 사용	×	○
공휴일과 대체 공휴일	×	○

3

병의원 최저임금

사업장의 경우 직원이 근무하는 시간에 대해서 임금을 지불할 때 나라에서 정한 최저임금 이상을 지급하여야 한다. 최저임금은 매년 1월 1일 기준으로 정하여 적용되므로 매년 최저임금을 점검해 볼 필요가 있다. 최저임금을 계산할 때에는 1주당 근로시간을 기준으로 1달의 근로시간을 환산하는데 계산식은 아래와 같다. 1주당 근로시간은 병원의 진료 시간을 생각하면 간편하다.

1주당 근로시간 계산 사례

병원 진료 시간
월~금: 오전 10시~오후 7시 (점심시간 1시~2시)
토: 오전 10시~오후 2시 (점심시간 없이 진료)

위와 같은 경우 평일은 휴게시간인 점심시간을 제외하고 하루 8시간을 진료하므로 평일은 40시간이 근로시간이고 주말은 점심시간 없이 4시간 진료하므로 주 44시간 근무이다.

최저임금 계산 사례

최저임금 계산식: [((주당 근로시간 + 주휴시간 8시간) × 365일] ÷ 12개월]

상기 병원의 최저임금을 계산해 보면 주당 근로시간이 44시간이므로 44시간을 식에 대입해 보면 최저임금 계산을 위한 1달의 근로시간은 236시간이 된다. 이를 연도별 최저임금에 곱하면 세전으로 최저임금이 계산된다. 2023년을 기준으로 하면 최저임금이 9,620원이므로 세전급여는 2,270,320원이 된다.

한편 최저임금 지급에 관한 법률 위반 시 3년 이하의 징역이나 2천만 원 이하의 벌금에 처할 수 있다.

연도별 최저임금표

구분	세전 시급
2023년	9,620원
2022년	9,160원
2021년	8,720원
2020년	8,590원
2019년	8,350원
2018년	7,530원
2017년	6,470원
2016년	6,030원

4

4대 보험과 4대 보험이 부과되지 않는 비과세 항목

4대 보험은 국민연금, 건강보험, 고용보험, 산재보험을 의미하며 정규직 직원을 고용하는 경우 의무 가입해야 한다.

4대 보험의 경우 통상 급여의 16~18%에 상당하는 금액으로 부과되어 금액이 크며 언급한 바와 같이 납입이 강제되어 있기 때문에 사업주와 근로자 모두 세금과 비슷한 느낌을 받아 납부에 부담을 느끼는 경우가 많다.

한편 4대 보험의 경우에도 부과를 하지 않는 비과세 항목들이 있으니 이에 해당하면 적용을 받아 4대 보험을 아낄 수 있으며 대표적으로 다음과 같다.

구분	한도
식대	월 20만 원
6세 이하 자녀 출산, 보육수당	월 10만 원
자기 차량 운전보조금	월 20만 원
산전 후 휴가급여, 육아휴직급여	전액
일 숙직비, 여비	실비한도

IV

개원행정단계

1

의료기관개설신고

의료기관개설신고는 개원하여 진료를 하기 위한 필수절차에 해당하므로 이에 관하여 살펴보기로 한다.

(1) 의료기관개설신고란?

의료기관개설신고는 병의원 사업을 영위하기 위해 갖추어야 할 기기 및 공간을 확인받고 자격이 있는 자에게 병의원 사업을 할 수 있도록 시, 군, 구 보건소의약과에 신고하는 행정적 절차이다. 이 절차를 통해서 병의원의 사업을 영위 가능 여부 등을 점검받고 하자가 없을 경우에 보건소에서 의료기관개설 신고증명서를 발행해 주며 이러한 의료기관개설 신고증명서는 추후 세무서에서도 요구하는 경우가 있을 정도로 중요한 서류에 해당한다.

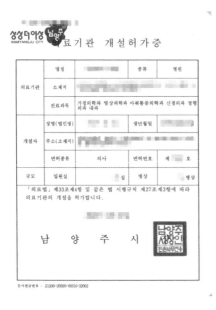

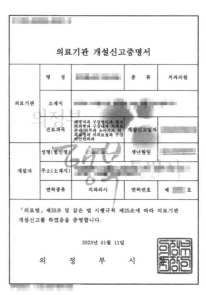

(2) 의료기관개설신고를 하는 시기는 언제인가?

의료기관개설신고는 병의원의 시설 중 인테리어의 완료가 예상되는 시점에 근접하여 사전 신청을 하는 것이 일반적이다. 개원 일정에 따라 다르겠지만 보통 인테리어가 80% 정도 완성[9]되고 소방 시설 등이 완료된 시점에 신청서를 접수하는 경우가 많으며 그보다 빠르게 접수를 하는 경우도 있는 것으로 보인다.

(3) 의료기관개설신고 시 필요서류는 무엇인가?

신청서류 등 일체는 보통 보건소의약과에 신청 시 구비되어 있기 때문에 방문하여 직접 작성하면 된다. 미리 작성하기 위해서는 구비 서류를 보건소에 문의하여 받아 작성하여 방문하면 된다.

따라서 기본 필수서류를 구비하여 제출하여야 하는데 반드시 제출해야 하는 서류는 다음과 같다.

1) 의사면허증 사본 및 근무할 간호사 및 간호조무사 면허증 사본

개원하는 의사 본인과 의료인력(간호사, 간호조무사, 치위생사, 방사선사 등) 중 1명은 포함하여야 의료기관개설 신청 접수가 되기 때문에 사전에 1명 이상의 간호사나 간호조무사를 고용하는 것을 추천한다.

2) 전문의자격증 사본

전문의의 경우 병원 상호에 전문의임을 표시해야 하므로 의사의 전문의자격증 사본이 필요하다.

3) 건물평면도 사본 및 그 구조설명서

건물평면도는 인테리어 도면을 구비하면 된다. 그리고 병원 내부의 방과 구역마다 명칭과

---

9) 진료실이나 방들이 구분되어 있고 벽지와 바닥공사는 완료된 상황.

면적을 정리한 구조설명서가 필요하다. 통상 인테리어 업체와 상의하여 진행된다.

상기 서류와 함께 본인의 신분증을 가지고 보건소의약과 의료기관개설 담당자에게 의료기관개설신고를 접수하면 된다. 관할 보건소의 담당자마다 실제로는 필요서류와 양식이 조금은 다른 경우가 있기 때문에 위 서류 외에 추가적인 서류 등이 있는지는 보건소의약과 담당 직원과 사전에 연락해 보고 준비하는 것을 추천한다.

(4) 의료기관개설신고 절차는 어떻게 되는가?

의료기관개설신고는 신고 접수 후 약 10일 안에 처리되도록 하고 있다. 다만 병의원을 개설할 수 있는 요건을 갖추지 못하는 경우 서류 접수 자체를 받아 주지 않거나 서류 접수 후 반려하는 경우도 있다.

서류가 준비되어 접수하려면 접수 전에 보건소에서는 개설을 하고자 하는 상호를 보고 보건소 관할 지역에 동일 명칭이 있는지 확인한다. 만약 동일 명칭으로 개설한 병의원이 있는 경우 해당 상호를 사용할 수 없다.

그리고 병의원을 개설하고자 하는 개설지의 주소를 검색하여 병의원 개설이 가능한지 확인한다. 만약 개원지의 용도가 의료기관개설에 부적합한 경우(건축물의 용도가 1종 근린생활시설 의원이 아닌 경우) 보건소 담당자는 서류 접수를 거부하고 용도변경을 요청한다.

개설지 등의 문제가 없어 정상적으로 서류가 접수되면 보건소에서는 관할 경찰서에 성범죄경력조회를 하고, 소방서에 소방시설점검을 의뢰하며 이 과정에서 소방서에서 시설점검 방문이 있으니 스케줄을 맞추어 점검 시 함께 확인하는 것이 좋다.

성범죄경력조회 및 소방 점검에서 문제가 없는 경우 보건소에서 시설점검을 위해 직접 병원으로 방문하게 되고 병의원 시설의 구비 및 소독기 등을 확인하고 특별한 문제나 지적사항이 없는 경우 의료기관개설 신고증명서를 내준다.

(5) 의료기관개설신고 관련한 특수한 경우는?

1) 양도 양수 시 의료기관개설신고는 어떻게 하나?

양도 양수의 경우는 보통 두 가지 방법으로 진행을 하는데 첫 번째는 양도 원장이 폐업을 하고 양수 원장이 새롭게 개설하는 경우이고 두 번째는 명의 이전만 하는 경우이다.

대부분의 경우 처리의 간편함을 이유로 두 번째 방법인 기존의 병원을 인수하는 형태로 의료기관개설변경신고를 통해서 사업장의 명의자를 변경하는 경우가 많다.

폐업 후 새롭게 의료기관개설신고를 하는 경우는 상기 신규의료기관개설신고와 동일하게 진행되는 반면 의료기관개설변경신고를 통해 명의만 변경하는 경우는 건축물 용도 등을 확인하지 않으며 구조변경 등을 하지 않는 경우에는 소방 점검 등의 절차도 생략되기 때문에 상대적으로 간편하고 시간도 단축되는 장점이 있다.

따라서 보통 양도 양수 계약을 하고 난 뒤 양도 양수일 이전에 보건소의약과 담당자와 통화하여 일정을 조율하고 진행하는 것을 추천하며, 명의변경 시 양도 원장 인감 날인 시 양수 원장이 보건소를 방문하여 처리 가능하나 함께 방문하는 경우 절차상 원활히 변경 처리가 되는 경우가 많기 때문에 함께 방문하는 것을 추천한다.

2) 의료기관개설신고 시 페이닥터로 근무하여도 되는가?

의료기관개설신고 시 페이닥터로 근무는 원칙적으로 할 수 없다. 4대 보험 및 근무하는 병원의 인력으로 신고되어 있는 상황에서는 개설신고 처리가 되지 않기 때문에 반드시 의료기관개설신고 전에 직전 병원에서 퇴사 처리를 하여야 하고 중요한 것은 일반적인 4대 보험 등의 상실을 통한 퇴사 처리뿐만 아니라 봉직 중인 병원에서 등록한 심평원에서 면허도 제외해야 하니 퇴직을 하는 경우 봉직하는 병원에 확인하여 퇴사 처리 및 심평원 인력등록에서 제외되도록 요청하여야 한다.

3) 의료기관개설신고 시 건물 대장상 용도는?

2020년 이전에는 근린생활시설일 경우 의료기관개설신고가 가능하였지만 이후 건축법시행령이 개정되면서 1종 근린생활시설에만 의료기관개설신고가 가능하다.

1종 근린생활시설로 변경하기 위해서는 장애인 편의시설이 반드시 설치되어야 한다. 이를 임대차계약 전에 꼭 확인하고 시설 등의 설치 부담을 임차인과 임대인 중 누구의 책임으로 할 것인지 확인해야 한다. 병의원 면적당 편의시설 의무설치 기준은 다음과 같으므로 참고하여 보면 좋다.

면적	의무설치기준
100㎡ 미만	미대상
100~500㎡ 미만	주출입구 접근로, 주출입구 높이 차이 제거, 출입구(문)
500㎡ 이상	주출입구 접근로, 주출입구 높이 차이 제거, 출입구(문), 복도, 계단 또는 승강기, 장애인 전용 화장실, 장애인 전용 주차구역

근린생활시설의 편의시설 의무설치 적용기준 (2022. 5. 1. 시행)

4) 같은 층 약국 개설 등은 가능한가?

약사법에 따라 병의원 시설 내나 같은 층에 약국을 개설하고자 하는 경우 개설이 어려운 경우가 있다. 이 경우 어떠한 사람이든 사용할 수 있는 다중시설 등을 같은 층에 임대 혹은 개업을 하게 하여 같은 층에 약국을 유치하는 경우가 있는데 이는 법률적으로 다툼이 많은 부분이기에 신중히 검토 후 진행하는 것을 추천한다.

5) 방사선 장비 등 신고는?

방사선 장비를 사용하는 경우 방사선 장비와 관련된 신고를 따로 진행해야 한다. 보통은 방사선 장비를 제공하는 의료기기 업체에서 진행해 주고 있어 특별히 문제가 되지는 않지만 직접 진행하는 경우는 방사선 장치 신고서 등을 보건소에 제출하여 신고하여야만 방사선 장비를 사용할 수 있다.

2

사업자등록

(1) 사업자등록이란?

사업자등록은 영리 사업을 하는 개인이 세무서에 사업장을 가지고 영업을 한다는 것을 신청하고 등록하는 절차이다. 이 사업자등록을 통해서 사업장에서 영리 목적의 사업을 영위할수 있게 한다. 사업자등록신청은 관할 세무서에 제출하여 신청하고 처리 기간은 5일 정도 소요된다.

(2) 사업자등록신청 시기는 언제인가?

사업자등록은 의료기관개설 신고증명서가 발행된 이후에 가능하다. 즉 인테리어가 거의완료된 시기에 의료기관개설신고를 완료한 뒤에 의료기관개설 신고증명서가 발급되면 그 서류를 첨부하여 사업자등록을 하는 것을 세무서에서는 원칙으로 두고 있다.

하지만 실무에서는 사업자등록을 의료기관개설이 완료된 이후에 하는 경우는 거의 없다.의료기관개설신고는 인테리어가 끝날 무렵에 가능한데 통상 인테리어가 끝나면 1주일 이내에 개원하고 진료를 개시하는 경우가 많다. 헌데 이 시기에 사업자등록증이 발행되면 지연된사업자등록으로 인해 대출에 문제가 생길 수 있고, 업체로부터 제때 세금계산서도 받지 못하여 경비가 누락될 가능성이 있다.

또한 직원의 구인에 필요한 구인구직 사이트에서도 사업자등록을 필요로 하여 사업자등록증 발급 전까진 구인구직이 어렵고 환자들이 신용카드로 수납할 수 있도록 병원에서 카드 단말기 가맹계약을 해야 하는데 이 또한 사업자등록을 필요로 하므로 인테리어가 종료된 시점에 사업자등록을 한다면 개원 자체가 2~3주가량 지연될 가능성이 높다. 그러므로 개원 실무에서는 임대차계약서가 작성된 시점에 세무사와 상의하여 사업자등록을 진행하고 있다.

(3) 사업자등록 시 필수서류는?

1) 신분증, 의사면허증, 전문의자격증

2) 임대차계약서

병의원을 개업하는 장소의 임대차계약서가 필요하다. 임대차계약서에는 임대인, 임차인의 이름과 주민번호가 반드시 기재되어 있어야 하며, 임대차의 소유권자가 다수일 경우 임대차계약서에는 공동소유자 모두의 이름과 주민번호가 기재되어 있어야 한다. 참고로 임대차계약서에 기재된 임대 개시일 이후부터 사업개시일을 정할 수 있다.

3) 의료기관개설 신고증명서

사업자등록 시 반드시 필요하나 실무적으로는 의료기관개설신고 전에 사업자등록을 진행하므로 사업자등록 진행 후 사후적으로 보완서류로 전달한다.

4) 동업계약서

공동사업을 하는 경우에는 동업계약서가 필요하다. 동업계약서에는 동업인의 인적사항 및 지분율이 기재되어 있어야 하며 인감도장을 각각 날인하여야 한다. 그리고 사업자등록 서류 제출 시 인감증명서를 함께 제출하여야 한다.

세무서에 방문하면 사업자등록신청서류가 있는데 작성하여 함께 제출하면 된다. 국세청

홈페이지에도 서류가 있으니 사전에 작성해 가는 것을 추천한다. 한편 세무서에 방문하여 사업자등록을 접수하는 경우 민원실에서 접수를 하게 되는데 민원실에서 사업자등록신청서 작성을 도움받기는 어렵다.

세무서 민원실은 업무시간 내에는 늘 붐비기 때문에 번호표를 뽑고 오랜 시간을 기다리는데 서류를 제대로 준비하지 않으면 민원실에서 접수 과정에서 반려당하여 접수 자체가 안 되는 경우가 많아 시간만 낭비하는 경우도 많으므로 유의해야 한다.

사업자등록신청의 경우 반드시 관할 세무서까지 찾아가서 신청할 필요 없이 가까운 세무서에서 접수를 하게 되면 관할 세무서로 서류를 전달해 주므로 굳이 개원지 세무서까지 찾아갈 필요는 없다.

또한 홈택스에서 온라인으로도 신청 가능하다.

(4) 사업자등록신청 절차는 어떻게 되는가?

사업자등록은 세무서에 접수하면 관할 세무서의 사업자등록을 처리하는 담당 조사관에게 서류가 전달되고 담당자는 서류를 확인하고 특별한 문제가 없는 경우 사업자등록증을 발급해 준다.

다만 사업자등록 시 서류가 미비되는 경우 보완서류를 요청하거나 실제 사업장에 현지 방문을 통해서 확인을 하는 경우도 있다. 사업자등록에 관한 서류에 미비한 부분이 있거나 사업자 등록에 관련된 요건을 충족하지 못하는 경우 사업자등록이 반려되는 경우도 있다.

사업자등록신청은 특별한 문제가 없는 경우 통상적으로 5일 이내에 처리된다. 다만 사업자등록증을 발급해 주더라도 사후 보완서류 요청을 충족하지 못하는 경우 세무서에서 사업자등록을 직권 취소하거나 직권 폐업을 하는 경우가 있을 수 있다. 따라서 사후 보완 자료를 요청받으면 즉시 전달하는 것이 좋다.

(5) 사업자등록신청 시 정해야 하는 것은?

사업자등록신청을 하기 전에 납세자는 3가지를 정해야 한다.

다음의 3가지는 사업자등록신청 시 바로 정하여 신청해야 하고 일단 사업자등록증이 발급되고 나면 수정에 절차와 시간이 소요되기 때문에 신중하게 결정하여야 한다.

1) 미용 목적의 진료를 하는지 여부

병의원 사업은 성형, 피부 등 미용진료를 같이 하는 병원과 치료 목적의 진료를 보는 병원으로 나누어질 수 있다. 미용진료를 병행하는 병원을 개원할 목적이라면 일반 사업자로 치료 목적의 진료만을 볼 경우는 면세사업자로 내야 한다.

사업자등록상 면세사업자에서 과세사업자로 혹은 과세사업자에서 면세사업자로의 변경은 폐업 후 재신청을 통해서만 가능하기 때문에 신중하게 결정하여야 한다.

2) 상호

상호는 사업자등록 시 미리 신청하게 되는데 의료기관개설신고 전에 신청하므로 보건소에서 상호를 사용할 수 없다는 것을 뒤늦게 알았을 때는 바로 변경이 불가하고 의료기관개설 신고증명서가 변경된 후에 상호 변경이 가능하기 때문에 상호를 미리 보건소의약과 개설신고 담당자에게 확인하여 사용할 수 있는지 확인하고 신청하는 것이 좋다.

3) 개업연월일

개업연월일은 개업대출 중 신용보증기금 예비사업자 대출을 받는 경우 사업자등록증상의 개업연월일을 대출을 받게 되는 시기와 맞추어야 하기 때문에 반드시 대출시기와의 조율이 필요하다. 그러므로 개업연월일에 대해 대출 담당자와 협의를 하고 진행하는 것을 추천한다.

또한 개업연월일 이후에는 언제든 사업을 진행할 수 있지만 개업연월일 이전에는 정상적인 진료나 직원의 4대 보험 가입 등에 제한이 있거나 절차가 번거로워지기 때문에 이 개업연월일은 신중하게 정해야 한다.

(6) 사업자등록 시 특이사항

1) 양도 양수 시 주의 사항

양도 양수의 방식으로 개원하는 경우 양수하는 원장의 입장에서는 사업자등록이 빨리 나오기를 희망하는데 실무상 진행하다 보면 양도하는 원장이 폐업하기 전에 양수하는 원장이 사업자등록을 해야 하므로 일시적으로 2개의 병원사업자가 발행되어야 하지만 이는 원칙적으로는 불가능하다. 그러므로 양도 양수의 방식으로 개원하는 경우 양수하는 원장은 사업자등록신청 당시에 양수도 계약서를 첨부하는 것이 좋고, 양수도 일자에 맞게 양도하는 원장이 폐업신고를 해 주는 것이 좋다.

2) 건축물 준공 전인 경우

새로 짓는 건축물일 경우 준공이 되어야지만 실질적으로 건물이 등기가 되면서 새로운 주소가 부여되는데 준공이 늦어지면서 주소가 나오지 않게 되어 사업자등록을 하지 못하는 경우가 있다. 이런 경우는 현재 건물이 건설되고 있는 자리의 가주소나 블록 주소 등으로 사업자등록을 진행할 수 있다.

준공된 후 새롭게 부여된 주소로 임대차계약을 새롭게 작성하여 사업자등록 정정신고를 통해 주소를 정정하면 된다. 즉. 건물이 준공 전이라도 사업자등록을 할 수 있다.

3) 확정일자를 받으려면

병의원 임대차계약에 대한 보호 방편으로 확정일자를 신청하는데 확정일자는 사업자등록과 함께 신청하거나 사업자등록 후 개원하면서 진행하는 경우가 많다.

확정일자를 받게 되면 채권 순위를 확정짓게 되므로 확정일자 이후의 건물에 문제가 생겼을 때 후순위자보다 먼저 권리행사를 통해 보증금 등을 보호할 수 있다. 확정일자는 사업장 관할세무서에서만 가능하여 병원 소재지 관할 세무서에 방문하여 진행해야 한다.

필요서류는 다음과 같다.

▶ 임대차계약서 원본(사본이 아니라 원본을 필요함)
▶ 신분증
▶ 상가 도면(상가의 일부분만 사용하는 경우)

모든 상가가 다 확정일자 신청이 가능한 것이 아니다. 확정일자를 신청하려면 환산보증금이 상가임대차보호법에서 정한 기준에 충족하여야만 가능하다.

환산보증금은 월차임에 100을 곱한 금액과 보증금을 합한 금액인데 관리비는 포함하지 않는다. 이 환산보증금이 다음의 기준을 초과하지 않으면 확정일자를 받을 수 있다.

지역	환산보증금
서울특별시	9억 원
수도권 과밀억제권역, 부산광역시	6억 9천만 원
그 외 광역시, 세종특별시, 파주시, 화성시, 안산시, 용인시, 김포시 및 광주시	5억 4천만 원
그 밖의 지역	3억 7천만 원

4) 병원 외 건강기능식품, MSO, 센터 등을 동시에 개설하는 경우

병원을 운영하면서 숍인숍 형태로 사업자를 추가적으로 운영하는 경우가 가끔 생길 수 있다. 병원장이 직접 운영하지 않고 타인에게 부수적인 사업을 위탁하는 경우도 있는데 이 경우 건물주로부터 전대를 허용한다는 전대차동의서나 임대차계약서상에 동의 내용이 포함되어 있어야 한다.

따라서 임대차계약서를 작성할 당시 계약서에 전대를 동의한다는 문구를 넣고 계약하는 것을 추천한다.

3

심평원 신고 및 지급계좌 신고방법

(1) 요양기관번호 확정 및 지급계좌 신고

의료기관개설신고를 마치면 문자가 오는데 이는 심사평가원에 청구할 수 있는 요양기관번호를 확정하는 절차이다. 상기 문자의 의원 뒤에 괄호로 되어 있는 부분이 임시기호번호인데 이 번호를 통해서 지급계좌 신청을 완료하면 확정기호로 변환된다.

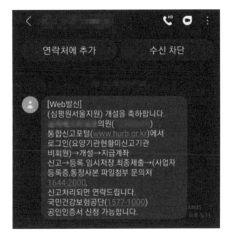

(2) 신청 방법

우선 보건의료자원통합신고포털(www.hurb.or.kr)에 로그인하고 지급계좌 신고를 진행하면 된다. 요양기관미신고기관으로 로그인하고 지급계좌 신고를 하면 된다.

필요서류는 다음과 같다.

▶ 사업자등록증 사본
▶ 사업용 계좌 사본

이렇게 파일로 준비하여 신청과 동시에 함께 제출하면 되며 지급계좌 신고는 만 하루 안에 처리된다.

(3) 요양기관기호 확정 후 할 일

요양기관기호는 EMR(전자차트) 회사, 카드 단말기 회사, 요양기관 인증서를 발급하기 위한 용도로 사용한다.

4

건강보험공단 청구 인증서 발급

(1) 건강보험공단 청구 인증서란?

심평원에 요양기관기호를 확정한 후 바로 준비해야 하는 단계가 건강보험공단 인증서를 발급 받는 절차이다. 건강보험공단 청구 인증서는 일반 금융 인증서와 달리 차트 프로그램에 연동하여 전산을 통한 온라인 청구 시 사용된다. 따라서 다른 금융 거래에 사용되지 않고 오로지 청구를 하거나 지급 받을 금액 등을 조회하는 용도의 인증서이다.

(2) 인증서 발급 방법

인증서를 발급 받기 위해서는 필요서류를 들고 건강보험공단 지사에 방문하면 바로 발급을 해 준다. 건강보험공단 지사는 가까운 곳으로 방문하여 신청하면 된다.

준비서류는 다음과 같다.

▶ 사업자등록증 사본
▶ 원장 신분증
▶ 요양기관기호(번호 기재)
▶ 인감도장

이렇게 준비하여 지사 방문하여 서류 작성 시 발급해 준다.

(3) 인증서 발급 후 해야 할 일

정인증서를 발급 받으면 건강보험공단과 심사평가원 사이트에 요양기관으로 가입한 후 인증서 등록을 해야 한다. 이후 EMR(차트) 회사에 연락하여 프로그램에 연동되도록 처리하면 차트를 통해 공단에 청구하는 업무를 수행할 수 있다.

5

카드 단말기 설치와 현금영수증 가맹점 가입

(1) 카드 단말기 설치와 현금영수증 가맹점 가입이란?

카드 단말기는 환자로부터 신용카드로 진료비를 수납하기 위해 설치해야 하며 현금영수증 가맹점 가입은 의무사항이다. 환자로부터 진료비를 수납하기 위해 미리 준비해야 하는 필수 사항에 해당한다.

(2) 카드 단말기 설치와 현금영수증 가맹점 가입하는 방법

카드 단말기 설치와 현금영수증 가맹점 가입은 카드 단말기 회사를 통해 대행 가능하다. 그러므로 카드 단말기 회사를 선택한 후 업체에게 사무를 위탁하면 된다.

여기서 중요한 점은 신청 시기이다. 최소 개원 1주일 전에는 신청하여야 한다. 그 이유는 카드 단말기를 설치하고 이 단말기가 정상적으로 모든 카드가 결제 가능하도록 하려면 카드 회사마다 가맹 번호를 받아야 하는데 그 시간이 1주일 정도 소요될 수 있기 때문이다.

한편 카드 단말기의 설치를 위해 요청하는 필수서류 중 하나가 의료기관개설 신고증명서인데 해당 절차가 완료되지 않은 상태라면 카드 단말기의 개통이 지연될 수 있으므로 유의하자.

카드 단말기 설치를 위해 필요한 서류는 다음과 같다.

▶ 사업자등록증 사본

▶ 원장 신분증

▶ 의사면허증 사본

▶ 의료기관개설 신고증명서 사본

▶ 카드매출 입금될 통장 사본(사업용 계좌)

보통 카드 단말기 업체에서 단말기를 설치하면 현금영수증 가맹점 가입을 같이 진행한다.

(3) 양도 양수의 경우 카드 단말기 설치문제

병원의 양도 양수하는 과정에서 양도한 원장이 폐업 후 일정 시간 경과 후에 양수한 원장이 개원한다면 시간적 여유가 있으나 일자를 특정한 뒤 바로 개원을 하는 경우 시간적 여유가 부족할 수밖에 없다.

이 경우 부득이하게 개원하고 2~3일 정도는 양도하는 원장의 명의로 된 카드 단말기를 사용하고 사후 정산하는 경우가 있는데 이는 세금과 4대 보험 등에 영향을 미치므로 세무사와 상의 후 정산방식을 정해야 한다.

6

검진기관신청

(1) 검진기관신청이란?

　검진기관신청은 병의원 내에서 검진진료를 하는 경우 장비와 인력 상태를 신고하여 검진기관으로 지정되도록 하는 신청 절차이다. 검진이 없는 진료과는 상관없지만 내과 등 검진이 필수적으로 필요한 과에는 필수절차이다.

　검진기관신청은 일반검진, 암검진, 구강검진, 영유아 검진 이렇게 네 가지로 나누어진다. 따라서 본인의 의원에 필요로 하는 검진기관신청을 하면 된다.

(2) 검진기관신청하는 방법

　검진기관신청 업무는 건강보험공단에서 관할한다. 제출 서류나 필요서류는 본인의 검진 내용에 따라 달라지므로 그에 따라 서류를 구비하여 제출하면 된다.

　검진기관은 인력 기준, 장비 기준, 시설 기준 세 가지를 충족하여야 지정될 수 있다.

일반검진기관 지정기준(제4조제2항 관련)

신청자격	인력기준	시설기준	장비기준
가. 종합병원 나. 병원(요양병원을 포함한다. 이하 같다) 다. 의원 라. 보건소(보건의료원을 포함하며, 이하 "보건소"라 한다) 마. 의사를 두어 의과진료과목을 추가로 설치·운영하는 한방병원 및 치과병원	가. 의사: 연평균 일일 검진인원 25명당 1명을 두되, 끝수(연평균 일일 검진인원을 25로 나눈 나머지)가 있으면 1명을 추가한다. 나. 간호사(간호조무사를 포함한다. 이하 같다) 1명 이상 다. 임상병리사 1명 이상 ※ 내원검진만 실시하는 의원은 연간 검진인원을 실진료일수로 나눈 검진인원(이하 "일일 평균 검진인원"이라 한다)이 15명 미만일 경우 임상병리사를 두지 않을 수 있다. 라. 방사선사 1명 이상 ※ 내원검진만 실시하는 의원은 일일 평균 검진인원이 15명 미만일 경우 방사선사를 두지 않을 수 있다.	가. 진찰실 나. 탈의실 다. 검진대기실 라. 임상검사(검체검사 및 진단의학검사를 포함한다)를 하는 시설 마. 방사선촬영실	가. 신장 및 체중계 나. 혈압계 다. 시력검사표 라. 청력계기 마. 원심분리기 바. 혈액학검사기기 사. 혈액화학분석기 아. 방사선촬영장치: 「진단용 방사선 발생장치의 안전관리에 관한 규칙」에 따른 검사·측정기관으로부터 검사기준에 적합한 것으로 판정된 장비로서 방사선직접촬영장치를 말한다.

비고: 1. 보건복지부장관이 정하여 고시하는 건강검진을 하려는 의사는 보건복지부장관이 정하는 교육과정을 이수해야 한다.
2. 내원검진만 실시하는 의원이 보건복지부장관이 정하는 바에 따라 검체검사에 관한 업무를 관련 전문기관에 위탁한 경우에는 시설기준의 라목, 장비기준의 바목 및 사목을 충족하지 못하더라도 일반검진기관으로 지정할 수 있다.
3. 내원검진만 실시하는 의원이 「의료법」 제39조에 따라 장비를 공동으로 이용하는 경우에는 인력기준의 라목, 시설기준의 나목 및 마목, 장비기준의 아목을 충족하지 못하더라도 일반검진기관으로 지정할 수 있다.

암검진기관 지정기준(제4조제2항 관련)

구분	신청자격	인력기준	시설기준	장비기준	그 밖의 사항
위암	일반검진기관	가. 의사 1명 나. 간호사 1명 다. 방사선사 1명 (조영검사를 실시하는 기관만 해당한다)	가. 내시경실 나. 회복실	가. 위내시경 나. 위장조영촬영기기(500mA 이상으로 위장조영검사를 실시하는 기관만 해당한다)	조영촬영기기는 「진단용 방사선 발생장치의 안전관리에 관한 규칙」에 따라 검사기준에 적합한 것으로 판정된 장비여야 한다.
대장암				가. 대장내시경 나. 대장조영촬영기기(500mA 이상으로 대장조영검사를 실시하는 기관만 해당한다)	
간암				초음파영상진단기	초음파영상진단기는 식품의약품안전처장이 정하여 고시하는 「의료기기의 안전성시험 기준」에 따른 시험 방법 및 시험기준에 적합한 장비여야 한다.
유방암	가. 일반검진기관 나. 종합병원 다. 병원 라. 의원 마. 보건소	가. 의사 1명 나. 간호사 1명 다. 방사선사 1명	가. 진찰실 나. 탈의실 다. 검진대기실 라. 방사선촬영실	유방촬영용장치 (Mammography unit)	유방촬영기기는 「진단용 방사선 발생장치의 안전관리에 관한 규칙」 또는 「특수의료장비의 설치 및 운영에 관한 규칙」에 따라 검사기준에 적합한 것으로 판정된 장비여야 한다.
자궁경부암	가. 일반검진기관 나. 산부인과 진료과목이 개설된 병원·	가. 의사 1명 나. 간호사 1명	가. 진찰실 나. 탈의실	가. 산부인과용 진료대 나. 질경(speculum)	산부인과용 진료대는 식품의약품안전처장이 정하여 고시하는 의료기기 중 A01010 장비여야 한다.

	의원(산부인과 전문의가 개설한 경우만 해당한다)				
폐암	일반검진기관 (종합병원인 경우만 해당한다)	가. 보건복지부장 관이 정하는 폐암검진 교육 과정을 이수한 의사 2명 (영상의학과 전문의 1명을 포함한다) 나. 간호사 1명 다. 방사선사 1명	가. 진찰실 나. 탈의실 다. 방사선촬영실	전산화단층촬영장치(CT)	1. 전산화단층촬영장치(CT)는 16열 이상의 장치로서 「진단용 방사선 발생장치의 안전관리에 관한 규칙」 또는 「특수의료장비의 설치 및 운영에 관한 규칙」에 따라 검사기준에 적합한 것으로 판정된 장비여야 한다. 2. 폐암검진기관으로 지정된 기관은 보건복지부의 「금연치료 건강보험 및 저소득층 지원사업」에 따른 금연치료지원 사업에 참여해야 한다.

※ 비고

1. 일반검진기관이 지정을 신청한 경우에는 이 표에 따른 인력기준(방사선사와 폐암검진기관 의사에 관한 부분은 제외한다)을 적용하지 않는다.
2. 폐암검진기관 지정을 신청하는 의료기관의 영상의학과전문의가 「암검진실시기준」 별표 5에 따른 교육과정을 모두 이수하는 경우, 해당 영상의학과전문의 1명만으로도 이 표에 따른 인력기준을 충족하는 것으로 본다.

한편 검진기관의 인력에 대한 요건의 경우 직원이 4대 보험에 가입되어 있어야 하기 때문에 직원 구인 후 4대 보험에 가입을 하고 신청해야 한다.

서류 접수 후에는 현지 확인 등 검진기관에 적합한지 확인 후 문제가 없을 경우 7일 이내에 검진기관으로 지정해 준다.

V

매출과 관련하여
개원 초기에
자주하는 질문

1

진료행위 중 부가가치세가 과세되는 항목

부가가치세가 면세되는 사업만을 영위하는 경우는 면세사업자로 등록 가능하지만 부가가치세 면세사업과 과세사업을 함께하거나 부가가치세 과세사업만을 영위하는 경우 일반 사업자로 분류가 된다.

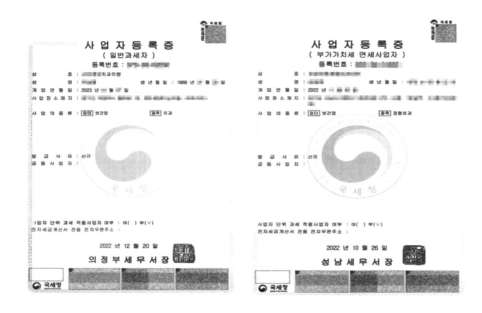

부가가치세는 제품이나 서비스의 부가가치에 대해 과세되는 세금으로 일반적인 사업자라면 본인의 사업에서 제공되는 제품이나 서비스의 가격에 10%를 가산하여 소비자판매가격을 결정하고 소비자에게 10%의 세금을 징수해야 한다.

82   병원개원 세무

다만, 국가에서는 정책적인 목적으로 일부 제품 또는 서비스에 부가가치세를 징수하지 않는데 대표적인 것이 의료보건용역 즉, 의사들의 의료서비스이다. 의료비에 10% 부가가치세가 가산되는 경우 국민들의 의료비 부담이 10% 늘어나는 부담을 방지하기 위함이다.

원래는 모든 진료과목이 면세였으나 2010년 12월 30일에 세법이 개정되어 미용 목적의 진료행위에 대해서는 부가가치세를 환자로부터 징수하는 것으로 변경되었다. 이에 미용 목적의 진료를 하는지 여부에 따라 사업자의 형태가 달라진다.

부가가치세법에서 규정하는 미용 목적의 진료행위는 다음과 같다.

① 쌍꺼풀수술, 코성형수술, 유방확대·축소술(유방암 수술에 따른 유방 재건술은 제외한다), 지방흡인술, 주름살제거술, 안면윤곽술, 치아성형(치아미백, 라미네이트와 잇몸성형술을 말한다) 등 성형수술(성형수술로 인한 후유증 치료, 선천성 기형의 재건수술과 종양 제거에 따른 재건수술은 제외한다)과 악안면 교정술(치아교정치료가 선행되는 악안면 교정술은 제외한다)

② 색소모반·주근깨·흑색점·기미 치료술, 여드름 치료술, 제모술, 탈모치료술, 모발이식술, 문신술 및 문신제거술, 피어싱, 지방융해술, 피부재생술, 피부미백술, 항노화치료술 및 모공축소술

이미 개원을 하고 난 다음에 사업자등록을 면세에서 과세로 변경한다거나 과세에서 면세로 변경하는 것은 번거로우므로 본인의 진료행위가 미용 목적인지 불분명한 경우 개원 전에 세무사와 상의해야 한다.

Q. 부가가치세면세 사업자와 부가가치세과세 사업자 중 어느 쪽이 유리한가?

A. 부가가치세 과세이냐 면세이냐에 따라서 사업자에게 유리하거나 불리한 사항은 없다. 다만 실무적으로 부가가치세 과세사업자는 매년 반기별로 2번의 부가가치세 신고를 하는 반면 면세사업자는 1번의 면세사업자현황신고를 하게 되는 차이점이 있다.

Q. 비급여진료는 모두 과세진료인가?

A. 비급여진료라고 전부 부가가치세 과세진료는 아니다.

비급여는 미용시술에 관련된 과세 비급여진료와 치료 목적의 면세 비급여진료로 나누어진다. 비급여라고 해서 모두 과세 대상은 아니며 치료 목적에 따라 다르다. 예를 들어 초음파나 도수치료는 비급여지만 부가가치세가 과세되지 않는다.

Q. 미용진료와 치료 목적의 진료를 동시에 하는 경우 매출 관리 방법은?

A. 이러한 경우 매출을 구분하여 정리해야 한다. 차트로 구분이 가능하면 면세 매출과 과세 매출을 구분하여 두고, 차트로 구분을 두기 어려울 경우 내부에 일일 장부를 두어 매출 금액을 정리해 두는 것이 좋다. 또한 카드 단말기를 과세 단말기와 면세 단말기 따로 두어 환자에게 받는 수납 금액을 과세, 면세 따로 결제하여 구분해 두는 것이 좋다. 이렇게 할 경우 과면세 매출에 대한 구분이 정확하게 관리가 되기 때문에 부가가치세 신고 시 정확한 매출의 구분을 할 수 있다.

2

미수금과 진료비 할인에 대한 처리

미수금은 진료는 끝났는데 환자로부터 수납하지 않는 경우 발생하며 돈을 받지 못했다고 하더라도 매출신고는 하여야 한다. 즉 본인부담금을 적게 받았든 받지 못하였든 일차적으로 병원 매출로 신고를 하여야 한다.

이러한 미수금은 계속적으로 관리하되 일정 요건이 지나서 받지 못할 것이 확정되면 경비 처리로 처리하도록 규정하고 있다. 대표적인 예로 회수기일이 6개월 이상 지난 채권 중 채권 가액 30만 원 이하의 경우 대손상각을 통해 경비처리 가능하도록 하는 규정이 있다. 그러므로 미수가 자주 발생하는 경우라면 세무사와 상의해야 한다.

한편 본인부담금 할인을 많이 하는 경우 의료법 위반 행위 중 환자 유인행위 등에 해당하여 고발 조치를 당하거나 과태료 등의 처분을 받을 수 있으므로 주의가 필요하다.

유사한 질문

Q. 직원이나 가족에게 할인하는 경우?

A. 병원을 운영하다가 보면 임직원에게 할인해 주는 금액이 생길 수가 있다. 이런 경우 할인된 금액이 아니라 원래의 진료비를 매출로 신고해야 하며 직원의 경우 할인된 금액만큼을 본인의 급여에 포함해야 한다. 병원장의 가족들 또한 진료비를 할인했다 하더라도 할인 전 금액으로 매출로 신고해야 한다.

Q. 불특정 환자 행사로 할인하는 경우?

A. 불특정 환자에게 행사 개원 행사 등을 목적으로 병원비를 할인해 주는 경우가 있다. 병원의 개원 시 할인 행사를 하는 경우는 할인 금액을 매출액에서 차감이 가능하다. 즉 할인된 금액을 매출로 신고하도록 되어 있다. 그 이유는 업무와 관련하여 특수관계자가 아닌 불특정 다수에 대한 판매촉진 목적의 할인이기 때문이다.

Q. 특정 환자 할인하는 경우?

A. 다수의 불특정이 아니라 특정 고객을 상대로 진료비를 경감하는 경우는 특정인에게 거래관계 유지를 위한 목적으로 보아 접대비로 처리하도록 한다. 즉 경비로 처리는 가능하되 한도가 있는 접대비 항목으로 경비처리 범위를 제한하고 있다.

3

사업용 계좌 관리 방법

개원을 준비하면서 사업용 계좌를 사용하게 되는데 사업용 계좌는 일반적으로 수입계좌, 지출계좌 이렇게 통장 두 개를 운영하는 것을 추천한다.

수입계좌는 병원에서 발생하는 모든 매출이 입금되는 계좌로 청구금액, 카드매출, 현금 수납 금액 등이 입금되는 계좌이다. 지출계좌는 인건비, 카드비, 의약품 대금, 임차료 등 병원과 관련된 경비가 지출되는 계좌이다.

이렇게 두 계좌를 함께 운영하는 것이 병원을 운영하는 데 도움이 된다. 수입계좌에는 매달 들어오는 금액이 한눈에 보고 확인하기 쉽고 지출계좌에서는 매달 나가는 고정비 등을 한 번에 확인하기 쉽기 때문에 이렇게 나누어 운영하는 병원이 많다.

한편 사업용으로 사용되는 계좌는 국세청에 사업용 계좌로 신고해야 하는데 병의원의 경우 전문직 업종으로 수입금액에 관계없이 반드시 사업용 계좌를 신고 해야 한다. 사업용 계좌는 국세청 홈택스에서 신고하거나 세무서에 직접 방문하여 신고 가능하다.

사업용 계좌 신고는 개원을 하는 그다음 해 6월 말일까지 신고하면 된다.

4

현금영수증

병의원은 현금영수증 의무발행 업종에 해당한다. 특히 진료비가 10만 원이 넘는 경우 본인부담금을 현금으로 수령하게 되면 반드시 현금영수증을 발행하여야 한다. 여기서 중요한 점은 본인부담금만 10만 원이 넘어야 의무발행 대상이 되는 것이 아니며 본인부담금과 공단부담금을 합친 총 진료비가 10만 원이 넘으면 의무발행 대상에 해당된다. 그중 본인부담금에 대해서 현금영수증을 발행하는 것이다.

만약 의무발행을 하지 않았을 경우 적발 시 전체 금액의 20%가 가산세로 부과될 수 있다. 환자가 현금영수증 발급을 원하지 않는다면 국세청 번호(010-0000-1234)로 자진 발행해야 한다.

이런 현금영수증 발행에 대한 관리는 한 번에 몰아서 하면 관리가 어려우므로 매일 진료를 마감하면서 차트에서 표시되는 현금수납금과 일별 발행된 현금영수증 내역을 확인하는 습관을 가지는 것을 추천한다.

유사한 질문

Q. 깜빡하고 현금영수증을 발행하지 않은 경우에는 어떻게 해야 하나?

A. 원칙적으로 현금영수증은 당일 즉시 발행하여야 하지만 최대 5일 이내에 발행하면 가산세 없이 발행 가능하다. 7일 이내 발행 시 가산세가 50% 감경된다. 다만 이 시기마저 지나면 미발행으로 보아 20%의 가산세가 발생한다.

5

진료비 환불의 경우 처리 방법

환자로부터 진료비 환불이 발생하는 경우 당초 환자가 카드로 결제하였으면 카드를 취소하는 방법으로 처리해야 하고 현금을 수령하고 현금영수증을 발행해 주었다면 현금을 돌려주고 현금영수증을 취소하는 방법으로 처리해야 한다.

현금영수증 취소는 발행한 단말기를 통해서 취소하는 방법과 국세청 ARS를 통해서 취소하는 방법을 통해서 취소하여야 한다.

간혹 1년 또는 2년이 경과하여 환자가 환불을 요구하는 경우가 있는데 환불을 결정하게 되면 원칙적으로는 합의서 등을 작성하고 계좌이체로 환불을 하여 증빙을 갖추고 사업용 비용으로 처리하는 방식으로 처리한다.

공단청구금의 삭감이 발생하는 경우는 청구하는 금액보다 심사 후 지급되는 금액이 감액되어 지급되는 것이므로 실제 매출이 줄어든 것으로 보아 매출에 감하여 처리하는 방식으로 신고한다.

<u>유사한 질문</u> --

Q. 환자들의 신용카드매출전표는 보관하여야 하나?

A. 환자가 카드로 결제한 후 나오는 영수증은 모아서 날짜별로 보관하는 것이 좋다. 왜냐하

면 가까운 시일 내로 환불을 요청하는 환자가 올 경우 전표에 기재된 승인 번호 등을 통해서 취소가 가능하기 때문이다. 따라서 짧게는 6개월 치 정도를 보관하고 길게는 1년 치 정도를 보관하는 것을 추천한다.

VI

경비와 관련하여 개원 초기에 자주하는 질문

1

보증금 성격 지출의 경비처리 여부

경비처리를 위해서는 크게 두 가지 기준을 볼 수 있다. 첫 번째는 사업 관련성 여부이고 두 번째는 소멸성 지출인지 여부이다. 사업 관련성은 병원의 사업에 직접적인 관련성이 있는지 판단하는 것이고 소멸성 지출인지 여부는 지출한 자금을 추후 회수하는지 지출하고 소멸하는지 여부를 의미한다.

보증금의 경우 사업에 직접 관련이 있으므로 사업 관련성은 성립하지만 임대차계약이 종료되면 돌려받게 되어 소멸성이 성립하지 않는다. 즉 원장이 돌려받을 일종의 채권이 되므로 보증금은 병원의 자산이 된다. 월세는 사업 관련성이 성립하고 추후 회수하지 못하고 소멸하므로 경비가 되는 것이다.

유사한 질문
- -

Q. 부동산 중개수수료는 경비처리가 될까?

A. 병원의 입지 결정단계에서 지출하는 부동산 중개수수료의 경우에도 사업과 관련성이 성립하고 추후 회수하지 못하고 소멸하므로 경비가 된다. 한편 부가가치세를 아끼거나 할인을 받기 위해 세금계산서 없이 무자료 현금거래를 하는 경우가 있는데, 부가가치세가 아깝더라도 가능하면 부가가치세를 지불하고 세금계산서를 수취하는 것이 절세의 기본이다.

본인이 거주하는 집을 이사할 때 중개수수료나 이사비용을 경비처리할 수는 없느냐고 묻는 경우도 있는데, 이는 사업과 관련성이 없는 지출임이 명확하므로 경비처리 대상이 되지 않는다. 하지만 주택의 구매 시 발생한 부동산 수수료는 추후에 주택 양도 시 필요 경비로 인정받을 수 있으므로 증빙을 챙겨 놓는 게 좋다.

Q. 개원 시 빌린 5억 원의 원금상환도 경비처리가 될까?

A. 대출금은 병원 운영을 위해 쓰이며 해당 자금이 병원자산구입에 사용되면 해당 대출금에 대한 이자는 한도 내에서 경비처리가 되나, 대출금 자체의 상환 시는 빌린 자금의 원금을 갚는 행위이기에 경비처리가 되지 않는다.

Q. 보험설계사가 개인 종신보험을 권고하는데 이것도 경비처리가 되나?

A. 사업과 무관한 보험료이기에 경비처리 대상이 아니다.

Q. 병원화재보험을 드는데 추후 90% 환급형 보험도 전부 경비처리가 되나?

A. 병원화재보험이면 소멸성은 경비처리되나, 일부 환급형이라면 환급되는 부분은 일종의 예·적금의 성격으로 볼 수 있으므로 경비처리되지 않고 병원의 자산이 된다.

2

세금계산서 관리 방법

세금계산서는 병원에 대금을 지급받은 상대방 업체에서 재화와 용역의 공급시기가 도래하면 발급하는 것이 원칙으로 통상 거래가 있었던 달의 다음 달 10일까지 발급하는 것이 원칙이다. 한편 할부 또는 조건부로 용역을 공급하기로 한 경우에는 대가의 각 부분을 받기로 한 때를 용역의 공급시기로 본다.

개원과정에서는 인테리어나 장비 등 큰 규모의 지출이 발생하는 경우 통상 잔금을 치르면 전체 금액에 대한 세금계산서를 한 번에 받는 것이 일반적이고 세금계산서 발행의무는 1차적으로 업체에게 있으니 세금계산서 발행 실무에 관하여 상세하게 알고 있을 필요는 없다.

유사한 질문

Q. 업체가 세금계산서 발급 없이 거래를 하자고 하는 경우?

A. 세금계산서 발급 없는 거래는 하지 않는 것을 추천한다. 하지만 상대편의 상황에 따라 부득이하게 이러한 거래를 할 수밖에 없는 경우에는 다음과 같은 방법으로 추후 경비인정을 받을 수밖에 없다.

(1) 해당 거래에 관련된 계약서 보관

(2) 해당 거래에 관련된 견적서나 거래명세서 보관

(3) 해당 거래에 관련된 계좌이체기록 구비

이 3가지의 구비사항 중 계약서만 보관하고 있다거나 계좌이체 내역만 있다거나 하는 것이 아니라 모두 준비해야 하며, 이 경우 증빙불비에 관한 가산세가 발생할 수 있으나 경비로는 인정받을 수 있다. 다만 이러한 형태로 경비처리하는 것은 세금계산서, 현금영수증, 신용카드매출전표 등 세법에서 인정하는 적격증빙에 해당하지 않고 국세청의 전산에서 수집되는 항목이 아니므로 금액이 크고 건수가 많아질수록 국세청의 세무조사에 선정될 가능성이 높아 부득이한 경우에만 이런 방식으로 처리할 것을 권한다.

Q. 거래 당시 10%의 부가가치세를 주지 않고 세금계산서 없이 거래하는 것이 유리한지?

A. 세금계산서 발급 없는 거래는 하지 않는 것을 추천한다. 세금계산서를 받지 않고 언급한 방식으로 입증하여 경비처리하는 금액이 많을수록 세무조사에 관한 리스크가 커지기 때문에 합법적으로 지출한 경비에 관해서는 세금계산서를 수취하여 리스크 없이 경비를 인정받을 수 있도록 해야 한다.

한편 세금계산서를 받지 않고 경비처리도 안 하는 경우를 고려해 볼 수 있는데 개인사업자는 세전 연간순이익이 8,800만 원(정확하게는 각종 소득공제 등 반영 후 '과세표준' 기준이지만 이해하기 쉽게 순이익이라고 표현하겠다.)이 넘어가면 소득세 35% + 지방세 3.5%를 적용받고, 세전 연간순이익이 1.5억 넘어가면 38% + 3.8% 구간의 세율을 적용받는다. 즉, 첫 달부터는 아닐지라도 계절이 한 번 바뀌는 정도의 기간 동안 병원경영을 한다면 대부분의 병원은 대략 40% 정도의 세율이 적용되는 경우가 대다수다.

지출에 관하여 합법적으로 경비처리하는 경우 40%의 절세효과가 있음에도 10%를 아끼려고 세금계산서 없이 거래하는 것은 명백한 손해이므로 권하지 않는다.

Q. 업체가 세금계산서를 발급을 거부하는 경우?

A. 과세 당국에서도 세금계산서를 발행해야 할 주체가 모든 금액을 다 수령하고도 세금계

산서를 발행하지 않는 경우를 대비하여 '매입자발행 세금계산서제도'라는 것을 두고 있다. 해당 방법과 주의점은 다음과 같다.

매입자가 공급시기가 속하는 과세기간의 종료일부터 6개월 이내에 '거래사실확인 신청서를 ① 세무서에 직접 서면 제출하는 방법과 ② 홈택스에서 신청하는 방법이 있다.

● 주의
(1) 거래건당 10만 원 이상인 거래
(2) 공급시기가 속하는 과세기간 종료일부터 6개월 이내에 신청가능
(3) 거래사실을 입증하는 자료 필요(영수증, 거래명세서, 송금확인 등)
(4) 공급자가 세금계산서 발행 가능한 사업자

● 인터넷 홈택스 신청방법
(1) 홈택스 공인인증서 로그인 후 신청, 제출 클릭

(2) 일반세무서류 신청 클릭 → 민원명찾기 → 매입자발생세금계산서 조회하기

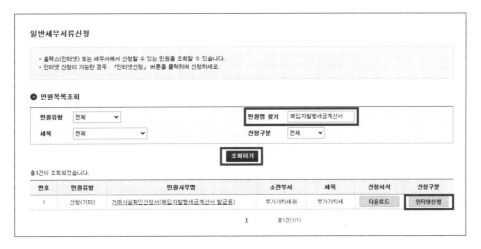

(3) 인터넷 신청하기 클릭 → 거래사실확인신청서 작성 후 첨부서류 업로드(첨부서류로
이체내역, 계약서, 거래명세서 등 첨부)

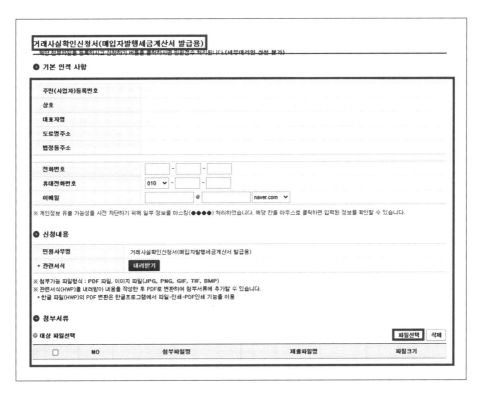

3

지출 시 수취해야 하는 영수증의 종류와 관리 방법

　실무에서 다양한 형태의 거래증빙이 존재할 수 있는 점을 감안하여 세법에서 는 세금계산서, 계산서, 현금영수증, 신용카드매출전표를 적격증빙으로 정하고 있다.

결제수단	카드	현금		
적격증빙	신용카드매출전표	세금계산서, 계산서	현금영수증	간이영수증

　신용카드매출전표는 국세청 홈택스에 사업용으로 사용할 카드 등록 시 사용내역이 세무대리인도 조회가 되므로 영수증을 따로 모을 필요가 없다.

　현금영수증의 경우도 '사업자번호'로 발급 시 세무대리인이 조회할 수 있기에 영수증을 따로 모을 필요가 없어지므로 관리에 용이하다.

　세금계산서와 계산서도 '전자'발행분은 추후 세무대리인이 조회할 수 있으므로 따로 출력해서 전달하지 않아도 된다. 수기로 기재한 세금계산서 및 계산서만 세무사에게 전달해 주면 되는 것이다.

　개원준비 및 병원 운영을 하다 보면 간이영수증을 받게 되는 경우가 종종 있다.

간이영수증은 건당 3만 원 미만의 거래는 가산세 없이 경비처리가 가능하다. 3만 원 이상의 거래는 병원경영에 사용된 경비라면 경비처리는 되지만 거래대금의 2%의 증빙불비가산세가 발생한다.

이 경우 추가적으로 이렇게 묻는 원장들이 있다. "병원 내부에 15만 원 정도 드는 랜선 공사하고 기술자가 간이영수증에 15만 원 써서 영수증을 주는데, 그럼 각각에 3만 원 미만으로 간이영수증 5장을 받아서 경비처리하면 가산세도 안 나가고 좋은 거 아닌가?" 결론부터 얘기하면 가산세를 부담하더라도 떳떳한 경비이므로 한 장에 받는 것이 좋다. 오히려 같은 곳에서 여러 장 받으면 추후 더 의심만 사고 떳떳한 경비마저 의심을 사서 부인당할 수도 있기 때문이다. 다만, 가능하면 최소한 계좌이체 내역은 남겨 두는 것이 추후 인정받기가 용이하다.

유사한 질문

Q. 홈쇼핑에서 병원에 사용할 소파 등을 구입해도 경비처리가 되는지? 해외 직구는 어떤지? 친동생이 ○○전자에 근무해서 직원할인가로 저렴하게 구입할 수 있는데, 이 경우 경비처리할 수 있는 방법은 없는지?

A. 관련된 업체나 국내매장이 소비자가가 높은 경우가 많다 보니 위처럼 온라인을 통해 직접 구입하거나 해외직구사이트를 통해 구입하는 경우가 점점 많아지고 있다. 온라인이나 해외직구사이트를 통해 구입하는 것도 병원에 사용하여 진료를 위한 물품을 구입하는 것이면 당연히 경비처리가 가능하다.

다만, 추후 병원을 위해 산 것인지 가정을 위해 산 것인지 애매하게 볼 수 있는 항목들은 가능하다면 병원에 사용한 것임을 입증할 수 있는 최대한 많은 증거(예: 병원 내 설치사진, 병원으로 배송지 설정, 구매명세서 등)를 남겨 두는 것이 좋다.

가족 중에 ○○전자 등의 유관업체에 근무해서 직원할인가로 대기실 TV나 컴퓨터 등을 싸게 살 수 있는 경우도 있다. 이 경우 보통 해당 가족 명의 카드로 결제해야 직원할인가를 받을 수 있는 경우가 대부분이다 보니 원장 본인이 아닌 가족 명의의 카드영수증도 병원 물품 구입 시 경비처리가 가능하냐는 부분에 대한 문의가 종종 있다. 이 경우 '해당 가족 명의로 결제한 카드영수증'과 '해당 물품 사진이 설치된 사진', '카드 명의의 가족에게 물품구입비를 계좌이체한 내역'을 보관하여 경비 인정에 문제가 없도록 준비해 두자.

Q. 병원경비처리를 하는 데 반드시 사업자카드를 사용해야만 경비처리가 되는 건가. 개인카드를 사용하면 경비처리가 안 되는 걸까?

A. 병원은 법인사업자가 아닌 개인사업자이기에 원장이 병원카드를 사용하건 개인카드를 사용하건 병원의 사업을 위해 사용한 것이 명확하면 모두 경비처리된다. 예를 들어 병원카드로 자녀의 옷을 사 줬다고 가정하면 아무리 병원카드일지라도 경비처리가 되지 않는다. 반대로 개인카드여도 병원 장비를 구매하는 데 사용했다면 당연히 경비처리가 된다.

즉, 어떤 카드를 사용하는지보다 어떤 목적으로 카드를 사용했는지가 더 중요한 판단요소이다. 물론 그럼에도 불구하고 실무에서는 추후 오해의 소지를 없애기 위해 가급적 병원카드를 사용하길 권고한다.

Q. 개인용 카드를 사업용 카드로 등록하고 사용한 경우 문제없는지?

A. 카드의 종류에는 신용카드, 체크카드, 사업자카드 3가지 유형이 있다. 개인사업자의 경우 카드의 종류와 상관없이 홈택스에 사업용카드를 등록을 하면 등록된 카드가 사업용 카드라고 보시면 된다.

아무래도 신용카드나 체크카드가 혜택이 좋기에 주로 많이 쓰는 편이고 사업자카드는 혜택이 그리 좋지는 않지만 보통 한도가 높은 편이고 상품권을 구매할 수 있다. 언급한 바와 같이 카드의 종류를 기준으로 경비처리되는 것은 아니고 카드를 어디에 썼느냐에 따라 달라진다.

예를 들어 신용카드로 병원 물품을 샀다고 하면 당연히 사업용으로 썼기에 경비처리가 될 것이고, 사업자카드로 백화점에서 개인적인 경비를 썼다고 하면 경비처리가 안 될 것이다. 홈택스에 등록된 카드는 영수증이 없다고 하더라고 경비처리를 할 수 있다. 가장 아까운 게 쓴 비용을 놓치는 거라 할 수 있는데 사용하는 카드를 모두 등록해 놓으면 누락되는 일은 없을 것이다.

Q. 공동사업자의 경우 부대표의 사업용 신용카드 등록은 어떻게 하나?

A. 공동사업자의 경우 부대표의 사업용 신용카드도 등록이 가능하다. 다만, 사업자등록증상 개업연월일이 지난 이후에 부대표의 카드를 홈택스에 등록할 수 있는데 주대표의 카드는 개업연원일과 상관없이 카드를 등록할 수 있다.

(첨부 1) 각 증빙별 예시

신용카드 매출전표

현금영수증

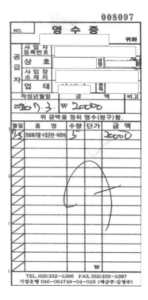

간이영수증

세금계산서

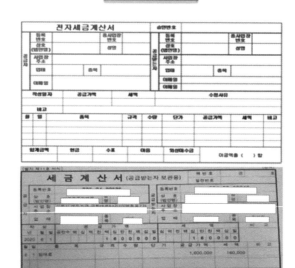

(첨부 2) 국세청 홈택스 카드등록방법

① 회원가입 시 개인사업자 및 법인사업자로 회원가입하면 신용카드 등록이 가능하다. 가입
시 사업자번호로 인증된 인증서(건강보험공단 인증서도 사업자번호로 인증된 경우 가능)
가 필요하며, 사업자로 된 인증서의 발급은 사용하는 은행에 문의하여 발급 받으면 된다.

② 회원가입 완료 후, 상단메뉴의 '조회 / 발급 → 현금영수증 → 사업용신용카드 → 사업용 신용카드 등록'에 들어간다.

상기 내용에 '동의함' 체크 후, '카드사 선택 / 카드번호 입력 및 휴대전화번호 입력 후 등록접수하기' 진행하면 된다.

4

즉시 경비처리되는 지출과
감가상각되는 지출의 구분

'인테리어, 간판, 장비, 건당 100만 원 이상의 비품' 등 목돈이 들어가고 몇 년에 걸쳐 사용하는 병원자산(이하 '건축물 외의 유형고정자산'이라 한다)은 한 번에 경비처리하는 것이 아니라 고정자산으로 등재를 해서 '기간: 4~6년'(무신고 시 5년) '상각방법: 정액법 또는 정률법'으로 선택해서(무신고 시 정률법적용) 처리 가능하다. 이 경우 법적 한도보다 많은 금액을 경비처리할 수는 없지만 한도보다 적은 금액을 경비처리 시 적게 처리한 금액은 사라지는 게 아니라 나중에 이월시켜서 경비처리할 수 있다.

유사한 질문

Q. 지금 경비가 많아서 인테리어 등의 비용을 늦게 처리하고 싶은데, 세금계산서를 내년으로 미뤄서 받으면 더 유리해지지 않을까?

A. 간혹 당장 경비가 많아서 나중에 경비처리 받기 위해 받을 세금계산서를 일부러 늦게 받는 등의 행위는 하지 않는 것이 좋다. 세금계산서 법적 발급기한 안에 받지 않으면 추후 해당 세금계산서가 적격증빙으로 인정받지 못하여 불이익을 받을 수 있기 때문이다.

Q. 생각보다 병원이 빨리 자리를 잡아 경비가 부족하다. 감가상각방법과 무관하게 인테리어 비용 등을 한 번에 경비처리할 수는 없는 것인가?

　－ 병원에 화재가 났다. 부득이 다시 인테리어를 하고 피해 보상금 등도 지불해야 할 거 같은데 관련된 비용이 모두 경비처리 가능한 것인가.

　－ 병원을 이전하기로 했다. 장비나 비품은 가지고 갈 건데, 가지고 갈 수 없는 인테리어,

간판 등은 아직 경비처리할 게 남아 있는 것으로 알고 있다. 이 부분에 대한 경비처리는 가능한가.

A. 기본적으로 아무런 사유 없이 감가상각대상 자산을 경비가 부족하다며 일시에 경비처리할 수는 없다.

'각종 천재지변, 화재, 침수, 파손 또는 멸실, 사업장 이전으로 인한 인테리어 원상복구로 인한 철거 등'의 경우에 즉시상각의제(남은 잔존가를 일시에 경비처리 하는 것)가 적용되는 것이다.

※ 참고사항

화재 등으로 인한 피해 시 즉시 경비처리 하기 위해 필요한 서류는 무엇일까.

(1) 화재로 인한 각종 피해 보상 시 화재증명원을 발급

화재로 인해 피해를 입은 경우 화재증명원을 발급 받아 세제감면, 보험처리, 각종 증명서의 재발급, 건축물의 재·개축 등 화재로 인한 피해 보상 시 활용하실 수 있으며 가까운 소방서로 방문하여 발급 가능.

- 신청: 화재대상물의 소유자, 관리자, 점유자 등 관계인 또는 관계인의 위임장을 제출한 자
- 사후화재의 경우: 화재 사후조사 의뢰서 작성 후 소방서장에게 제출할 경우, 발화 장소 및 발화지점의 현장이 보존되어 있는 경우에만 화재증명원 발급 가능

(2) 피해사실확인서

피해사실확인서란 재난 등으로 인해 피해를 입은 당사자 일방이 이에 대한 보상을 요청하기 위해 피해사실을 확인하는 내용의 문서를 말한다. 피해사실확인서에는 피해자의 인적사항과 함께 사망 또는 부상자 발생에 대한 피해사실을 기재한다.

또 농경지나 주택 등의 피해 면적과 피해 일시 등의 피해 내역을 상세히 기술하도록 한다.

5

고용형태별 직원의 급여처리

병원을 개원하면 다양한 형태로 직원들과 계약을 하게 된다. 직원과의 근로조건은 다음과 같이 구분할 수 있다.

(1) 정규직 직원

사용자와 직접 근로계약을 체결하여 사업장 내에서 전일제(full-time)로 근무하면서 근로계약기간의 '정함이 없이' 정년까지 고용이 보장되는 근로자로 병원의 간호인력 등 일반직원들이 해당된다.

(2) 일용직

소득세법 시행령에 따라 3개월 이상 계속하여 고용되어 있지 아니한 자, 고용노동법에 따라 1개월 이상 계속하여 고용되어 있지 아니한 자로 간호실습생이나 아르바이트생 등이 해당된다.

(3) 프리랜서

사업주와의 근로계약이 아닌 자유계약에 의하여 일하는 사람으로 근로자와의 차이는 "결과물"에 대하여 보수를 지급받게 되고 구체적인 업무지시와 감독을 받지 않는 점이 있다. 병원의 브랜드 로고를 디자인하는 사람, 외부 마케팅 인력 등이 해당될 수 있다.

병원에 자주 있을 몇 가지 사례만 짚고 넘어가 보자.

주 5일 또는 주 6일 근무하는 직원은 정규직으로 분류가 될 것이다. 간혹, 1주일에 2일만 일하는 사람은 아르바이트가 아니냐고 질의하는 경우가 있는데 '계속되어 고용되어 있는 자'라면 정규직으로 신고해야 한다. 매일 출근하여 일해 주시는 청소 아주머니는 실무에서는 일용직으로 신고하는 경우가 대부분이나 정의에 따른 분류에 따르면 정규직인 것이다.

파트타임 페이닥터의 경우 '성과에 따라 보수'를 받는다면 프리랜서 신고가 가능하다. 헌데 실무상으로는 보통 정해진 급여를 받고 프리랜서로 신고하는 경우가 많으나 정의에 따른 분류에는 맞지 않다.

정의에 따른 분류와 개업 중 신고방식이 다른 경우도 많고 노동법상 이슈들이 많이 생기고 있는 게 실무의 현실이다. 우선 어떠한 고용방식의 직원이라 해도 계약서는 기재하는 게 서로를 위한 길이다. 노무 관련 이슈는 전문 노무사와 상의하며 담당 세무사와 같이 3인 1각으로 업무협조를 하는 것이 병원 매출 성장에만 집중할 수 있고 근로자와의 발생 가능한 분쟁을 줄이는 가장 현명한 길일 것이다.

유사한 질문

Q. 병원보수공사를 하는데 사업자등록증을 따로 가지고 있지 않은 업자에게 대금을 지불할 경우 어떻게 경비처리를 할 수 있을까?

A. 사업자등록증이 따로 없더라도, 이름, 주민번호로 사업소득자 신고(프리랜서)를 하고, 계약서 및 계좌이체 내역으로 증거를 남겨 경비처리 가능하다.

Q. 병원에 일주일에 한두 번 청소해 주시는 이모님 급여는 어떻게 신고하며 경비처리를 해야 하는 걸까?

A. 병원에 일주일에 한두 번 일해 주시고 일당으로 계산해서 급여를 드리는 청소 이모님을 들 수 있다. 이 경우 일용직으로 신고하여 경비처리하면 되며, 해당 청소 이모님과 일용

직 계약서 작성 및 신분증을 받고 당월 급여를 계좌이체하며, '일한 날짜, 일당'을 기록하여 추후 일용직 급여신고를 통해 경비처리를 하면 된다.

Q. 최근에 의원에서도 주 5일제 근무가 보편화됨에 따라 직원들에게 주 5일 근무환경을 조성해 주려다 보니 일주일에 한두 번만 와서 도와주는 파트타임 인원이 추가로 필요하게 되었다. 이분들은 어떻게 처리하면 되나?

A. 각 병원의 해당 근로자와의 근로조건을 기준으로, 본문의 '정규직 / 일용직 / 프리랜서' 분류 기준을 참고하여 처리하면 된다.

Q. 직원이 실업급여수급자라고 수급기간이 아직 한 달 남았으니 신고하지 않고 급여를 주면 안 되겠느냐고 한다. 어떻게 처리해야 하나?

A. 해당 직원을 고용할 수는 있으나 급여신고하지 않고 경비처리할 수 있는 방법은 없다. 급여신고 시 해당 근로자의 실업급여수급은 멈추게 된다. 이를 바탕으로 해당 근로자와 충분히 상의한 후 고용을 해야 할 것이다.

실업급여 수급자가 근로를 제공하거나 취업·창업한 사실 또는 소득이 발생한 사실을 신고하지 않을 경우, 재취업활동을 허위로 제출한 경우 등 기타 거짓이나 부정한 방법으로 실업급여를 받은 경우에는 실업급여 지급이 제한되며, 그간 지급받은 실업급여는 모두 반환되고 부정하게 지급받은 금액의 최대 5배가 추가 징수될 수 있다. 또한, 최대 5년 이하의 징역 또는 5천만 원 이하의 벌금이 부과될 수 있다. 실업급여를 부정하게 받거나 받으려고 한 날부터 소급하여 10년간 3회 이상 부정수급으로 실업급여 지급이 제한된 경우, 최대 3년간 새로운 구직급여 수급자격에 따른 실업급여 지급이 제한된다. 결론적으로 실업급여 받는 중에는 급여를 신고할 수가 없다. 급여신고를 하지 못하면 적법하게 경비처리를 받지 못할뿐더러 고용증대 세액공제 등도 받지 못하게 된다.

부정수급 제보 시 포상금 제도도 있어 간혹 제3자가 제보를 하는 경우가 있다. 부정수급액의 20%를 제보자에게 지급하는데 1인당 연간 5백만 원을 한도로 한다.

Q. 배우자에게 수납 및 재무업무를 보도록 배치하고 나는 진료에만 전념하고자 한다. 이 경우 배우자의 인건비를 경비로 처리하는 데 문제는 없을까? 급여는 어떻게 책정해야 하나?

A. 배우자 및 친족도 병원에서 업무를 맡아 할 수 있고, 근로자로서 급여를 받고 이를 경비 처리하는 것도 가능하다. 다만, 특수관계자이기에 추후 의심을 살 수 있으므로, '출퇴근 기록, 업무일지 등'으로 충분히 본인의 업무에 대해 근거를 남겨 두어야 할 것이며, 해당 업무에 대한 업종평균적인 급여로 급여 책정을 해야 추후 있을 과세 당국과의 이견을 좁힐 수 있을 것이다.

5인 미만 VS 5인 이상 VS 10인 이상의 법적적용규정 차이도표

	5인 미만	5인 이상	10인 이상
1. 근로자 명부 작성	O	O	O
2. 근로계약서 작성 및 교부	O	O	O
3. 임금대장 작성	O	O	O
4. 해고예고 및 해고예고 수당 지급	O	O	O
5. 재해 보상의무	O	O	O
6. 주휴일	O	O	O
7. 최저임금	O	O	O
8. 건강진단의무	O	O	O
9. 퇴직금 지급	O	O	O
10. 산재 및 출산전후 휴업기간 30일 해고 제한	O	O	O
11. 연차휴가	X	O	O
12. 생리휴가	X	O	O
13. 야간, 휴일, 시간 외 근로에 대한 여성 근로자의 동의	X	O	O
14. 연장, 야간, 휴일수당 지급	X	O	O
15. 휴업수당	X	O	O

16. 안전보건교육의무	X	O	O
17. 기간제근로자의 2년 이상 사용제한	X	O	O
18. 비정규직 차별금지 및 시정	X	O	O
19. 직장 내 괴롭힘 예방	X	O	O
20. 주 52시간 근로시간 제한	X	O	O
21. 성희롱 예방교육	X	X	O
22. 취업규직 작성신고	X	X	O

※ 참고사항 - 취업규칙

근로기준법에서는 상시근로자가 10인 이상인 경우 반드시 취업규칙을 작성하여 관할노동부 지방사무소에 신고하고 사업장에 비치하도록 하고 있다.

근로기준법 제93조에서는 취업규칙에 반드시 들어가야 할 항목을 열거하고 있으며, 이는 다음과 같다.

제93조(취업규칙의 작성·신고)

상시 10명 이상의 근로자를 사용하는 사용자는 다음 각 호의 사항에 관한 취업규칙을 작성하여 고용노동부장관에게 신고하여야 한다. 이를 변경하는 경우에도 또한 같다. <개정 2008. 3. 28., 2010. 6. 4., 2012. 2. 1., 2019. 1. 15.>

1. 업무의 시작과 종료 시각, 휴게시간, 휴일, 휴가 및 교대 근로에 관한 사항
2. 임금의 결정·계산·지급 방법, 임금의 산정기간·지급시기 및 승급(昇給)에 관한 사항
3. 가족수당의 계산·지급 방법에 관한 사항
4. 퇴직에 관한 사항
5. 「근로자퇴직급여 보장법」 제4조에 따라 설정된 퇴직급여, 상여 및 최저임금에 관한 사항
6. 근로자의 식비, 작업 용품 등의 부담에 관한 사항
7. 근로자를 위한 교육시설에 관한 사항
8. 출산전후휴가·육아휴직 등 근로자의 모성 보호 및 일·가정 양립 지원에 관한 사항
9. 안전과 보건에 관한 사항
9의2 근로자의 성별·연령 또는 신체적 조건 등의 특성에 따른 사업장 환경의 개선에 관한 사항
10. 업무상과 업무 외의 재해부조(災害扶助)에 관한 사항
11. 직장 내 괴롭힘의 예방 및 발생 시 조치 등에 관한 사항
12. 표창과 제재에 관한 사항
13. 그 밖에 해당 사업 또는 사업장의 근로자 전체에 적용될 사항

6

자동차 경비처리

(1) 차량 자체의 금액[이하 '업무용승용차 관련 비용 = (1) + (2)'라 한다]

1) 일시불, 할부차량

업무용승용차에 대해서는 '내용연수 5년 + 정액법'을 감가상각비로 하여 경비에 반영한다. 즉, 해마다 1/5로 나눈 금액을 연간 800만 원의 법적한도 내에서 '업무사용비율'(운행기록 등에 따라 확인되는 총 주행거리 중 업무용 사용거리가 차지하는 비율)에 따라 차량금액이 경비처리된다. (단, 기중 취득 시 월할계산)

2) 리스차량

리스차량의 경우 임차료에서 해당 임차료에 포함되어 있는 보험료, 자동차세 및 수선유지비를 차감한 금액을 차량감가상각비로 한다. 다만, 수선유지비를 별도로 구분하기 어려운 경우에는 임차료(보험료와 자동차세를 차감한 금액)의 100분의 7을 수선유지비로 할 수 있다. 즉, 월 리스료가 100만 원이고 리스료에 유지비가 따로 기재되어 있지 않다면, 차량에 대한 리스료는 93만 원으로 본다는 의미이다.

3) 렌트차량

렌트차량의 경우 임차료의 100분의 70에 해당하는 금액을 차량에 대한 비용으로 본다. 즉, 월 렌트료가 100만 원이라면 70만 원을 차량에 대한 비용으로 본다는 의미이다.

(2) 차량운영비

업무용승용차에 대한 유류비, 보험료, 수선비, 자동차세, 통행료 및 금융리스부채에 대한 이자비용 등 업무용승용차의 유지를 위하여 지출한 비용을 말한다. 연 700만 원 한도에서 '업무사용비율'에 따라 경비처리가 가능하다.

(3) 업무사용비율

업무사용비율을 적용하려면 업무용승용차별로 운행기록 등을 작성·비치 해야 하며, 업무사용비율을 적용할 때 운행기록 등을 작성·비치하지 않은 경우 해당 업무용승용차의 업무사용비율은 다음의 구분에 따른 비율로 한다.

① 해당 과세기간의 업무용승용차 관련 비용이 1천 5백만 원(해당 과세기간이 1년 미만이거나 과세기간 중 일부 기간 동안 보유 또는 임차한 경우에는 1천 5백만 원을 월할계산함) 이하인 경우: 100분의 100
② 해당 과세기간의 업무용승용차 관련 비용이 1천 5백만 원을 초과하는 경우: 1천 5백만 원을 업무용승용차 관련 비용으로 나눈 비율

(4) 공동사업의 경우 추가사항

공동사업장의 경우는 1사업자로 보아 1대를 제외하고 추가적인 차량에 대해서는 다음과 같이 처리된다.

① 해당 과세기간의 전체 기간(임차한 승용차의 경우 해당 과세기간 중에 임차한 기간) 동안 해당 사업자, 그 직원 등이 운전하는 경우만 보상하는 자동차보험(이하 "업무전용자동차보험")에 가입한 경우: 업무사용비율금액
② 업무전용자동차보험에 가입하지 않은 경우: 업무사용비율금액의 50%

Q. 자동차 구입 시 리스, 할부, 현금 중 유리한 방식은?

A. 차량을 자주 바꾸지 않는 경우라면 자차가 유리하다고 보며, 1년, 2년마다 차량을 변경하는 성격이면 렌트나 리스가 유리할 수도 있다. 렌트나 리스의 경우 계약기간이 끝나고 인수를 하게 되는데 그 경우 취득세가 또 발생한다. 가장 경제적으로 구매하는 방법은 총비용을 계산해서 제일 낮은 금액의 형태로 구매하는 방법이다. 개원을 하게 되면 직장가입자로 건강보험이 들어가기에 자차로 소유한다고 하더라도 건강보험료가 오르거나 하지는 않는다.

7

상품권 또는 기프트카드

실무에서 간혹 상품권이나 기프트카드를 구입하면 무조건 경비처리가 된다고 생각하는 분들이 많다. 하지만 원장 본인이 사용하기 위한 상품권 등은 경비처리 대상이 아니며, 병원의 경영을 위해 구입 및 사용하는 부분만 경비처리가 된다. 대표적으로 병원경영과 관련되어 상품권 등을 사용하는 곳은 '직원, 고마운 업체, 소개해 준 고마운 환자' 정도일 것이다. 직원에게 지급 시 '복리후생비' 항목으로, 고마운 업체에게 지급 시 '접대비'로, 환자를 소개시켜 줘서 고마운 사람에게 지급 시 '접대비 또는 홍보비' 정도의 항목으로 경비처리를 하게 된다.

한편 이러한 접대비는 세금의 탈루를 위해 과도한 접대를 하는 것을 방지하기 위하여 경비로 인정되는 금액에 한도를 정하고 있다. 상품권이 접대비로 처리된다고 가정하면 1년 간 접대비로 처리할 수 있는 상품권 구매액의 한도는 다음과 같다.

연간 접대비 한도액: ① + ②
① 기본한도: 1년간 3,600만 원 × (1년간 진료월 수 ÷ 12)
   (적용예시) 개원 첫해라 진료월수가 6개월이면 한도는 1,800만 원이며 2년차 이상이라 1년 동안 진료를 한 경우에는 3,600만 원이 한도이다.
② 추가한도: 병원 매출에 따라 다음의 계산식으로 한도를 추가한다.

매출액	비율
100억 원 이하	0.3%

100억 원 초과 500억 원 이하	2천만 원 + 100억 원 초과 금액의 0.2%
500억 원 초과	6천만 원 + 500억 원 초과 금액의 0.03%

(적용예시) 연매출 20억의 병원의 경우 추가 한도는 20억 × 0.3%로 600만 원이 추가된다. 그러므로 개원 2년 차에 20억 매출인 병원의 경우 기본한도 3,600만 원에 600만 원이 추가로 가산되어 연간 4,200만 원이 접대비 인정 한도가 된다.

상품권이나 기프트카드의 경우 추후 경비인정을 효과적으로 받기 위해서 입출입장부를 하나 만들어 두는 것도 좋은 방법이다.

유사한 질문

Q. 직원들에게 정기적으로 상품권을 지급하고 싶은데 어떻게 경비처리를 받을 수 있을까?

A. 우선 직원들에게 지급하는 상품권은 지속적이고 반복적으로 지급함으로써 급여 대신 지급한 것으로 인정되는 경우 이에 대한 4대 보험과 소득세·주민세가 추가로 징수될 수 있음을 주의하자.

Q. 페이닥터 급여 중 일부 금액을 병원카드를 사용하는 방식으로 4대 보험 및 소득세 등을 줄이고 싶은데 괜찮을까?

A. 페이닥터 월급이 직원들 중에는 상대적으로 높아 4대 보험과 세금 부담이 크다 보니 자주 있는 상황이다. 예를 들어, 세후 1,200만 원의 페이닥터에게 급여 지급 시 4대 보험 및 소득세 등을 조금이라도 줄이기 위해 월 200만 원씩 카드를 사용하라고 하고 급여로 지급 및 신고는 월 1,000만 원만 하는 식의 거래이다. 이 역시 추후 급여성격으로 판명 시 4대 보험 및 관련 소득세 등이 추가 징수될 수 있으니 이를 감안해서 진행해야 할 것이다.

상품권 관리 대장

지급 일자	수령자	상품권명	금액	지급 사유	비고

8

사업용 계좌 신고방법 및 사용법

전문직 사업자의 경우 수입금액 규모와 관계없이 사업용 계좌를 개설해야 한다.

사업용 계좌라고 특별한 것은 아니고 개인사업자의 경우 개인명의 통장을 사업용 계좌로 쓰고 있다고 신고만 하면 사업용 계좌가 되는 것이다. 따로 사업을 위해 통장을 개설할 필요는 없다. 원칙적으로 사업용 계좌의 신고는 과세기간의 개시일부터 6개월 이내에 신고를 해야 한다.

사업 개시와 동시에 복식부기의무자에 해당하는 경우에는 다음 과세기간 개시일부터 6개월 이내에 신고해야 하는데, 전문직인 경우 복식부기의무자에 해당하므로 종합소득세 신고 전까지만 신고하면 된다고 보면 된다. 또한 사업과 관련된 거래는 사업용 계좌를 통해야만 한다. 사업용 계좌를 개설하지 않거나 사업용 계좌를 신고하지 않은 경우, 과세기간 총수입금액의 0.2%에 해당하는 가산세를 납부할 수 있으므로 주의를 요한다.

(1) 사업용 계좌 등록 방법

① 홈택스 공인인증서 로그인 후 신청/제출 탭의 사업용(공인법인용)계좌 개설관리 클릭

② 정보 입력 후 신청하기 클릭

유사한 질문

Q. 사업 관련 비용은 사업용 계좌를 써야 한다고 하는데 임대차계약 시 계약금을 사업용 계좌가 없는 상태에서 해도 되는가?

A. 사업용 계좌는 사업자등록증이 나와야 등록할 수 있는데 임대차계약 전에는 사업자등록증을 발급 받을 수가 없다. 개인사업자는 개인용 계좌를 사용하고 추후에 사업용 계

좌로 등록을 하면 사업용 계좌가 되므로 먼저 개인 계좌에서 금액을 이체하여도 문제가 없다.

Q. 사업용 계좌를 통해야만 하는 거래가 있는가?

A. 거래의 대금을 금융회사 등을 통하여 결제하거나 결제 받는 경우와 인건비 및 임차료를 지급하거나 지급받는 경우. 다만, 인건비를 지급하거나 지급받는 거래 중에서 거래 상대방의 사정으로 사업용 계좌를 사용하기 어려운 것으로서 대통령령으로 정하는 거래는 제외한다.

9

이자비용의 경비처리

　대출의 종류와는 상관없이 지급한 이자는 경비처리 할 수 있다. 하지만 모든 부채의 이자가 경비처리되는 것은 아니고 자산을 한도로 한 부채의 이자비용이 경비처리된다. 예를 들어 4억을 대출 받았는데 병원에 보증금 1억, 인테리어 1억, 장비 1억 총 3억을 투자하였다면 4억에 대한 이자비용이 나가더라도 3억에 대한 이자비용만 인정이 된다. 나머지 1억은 운영비용으로 인건비나 임대료 의약품 등으로 사용하겠지만, 운영과는 상관없이 투자된 금액만큼만 부채를 인정해 준다고 보면 된다. 추후 인테리어나 장비에 투자한 금액은 감가상각으로 가치가 감소하여 0이 될 텐데, 이 경우 자산은 보증금인 1억만 남게 될 것이고 4억의 대출 중 1억에 대한 이자비용이 인정이 된다.

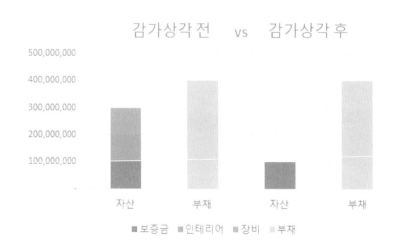

한편 이자비용이 경비처리된다 하더라도 지출된 이자비용이 그대로 세금에서 차감되는 것은 아니고 본인의 세율만큼 세금에서 차감되기에 이자율은 저렴할수록 유리하다. 참고로 개원 전에 받은 대출에 대해서만 인정되는 것은 아니고 개원 후에 대출을 받더라도 자산을 한도로 한 부채의 이자비용이 인정된다.

유사한 질문

Q. 지인으로부터 5억을 차용하려 한다. 이자비용을 인정받을 수 있을까?

A. 이자비용을 경비처리하려면 상대방에게 이자소득을 발생하였음을 신고하여야 한다. 금전의 대여를 사업 목적으로 하지 아니하는 자가 개인 간에 돈을 빌려주고 받는 이자는 비영업대금의 이익이라 한다. 이 경우 원천징수 세율을 지방소득세를 포함하여 27.5%이다. 이자를 지급한 달의 다음 달 10일까지 원천징수세액을 신고, 납부하면 된다.

Q. 신용보증기금을 통해 사업자 대출을 받았다. 보증료를 납부하게 되었는데 보증료는 어떻게 경비처리가 되나?

A. 명목상 보증료라고 불리지만 돌려받지 못하는 금액이고 실질로 보았을 때 수수료와 같다고 보면 된다. 보증료 역시 경비처리가 가능하다.

10

기타비용 1
(보험료, 임차 관련된 유지비용, 수도광열비, 환자주차비 등)

(1) 보험료

병원과 관련된 보험료는 경비처리가 된다. 다만, 보험기간이 보통 연단위 갱신이므로 당해 처리되는 보험료는 월할계산을 하게 된다. 예를 들어, 보험료가 연간 120만 원이고, 계약기간이 '당해 7월 1일 - 다음 해 6월 30일'이라면 올해 경비로 인정되는 보험료는 60만 원인 것이다.

또한, 보험료가 소멸하는 방식이 아닌 만기환급조건이 걸려 있다면, 납입한 보험료 중 만기환급금에 상당하는 보험료 상당액은 자산으로 계상하고 기타의 부분은 이를 보험기간의 경과에 따라 경비처리하게 되는 것이다.

원장 개인의 종신보험이나 변액보험, 실손보험 등의 경비처리 가능 여부에 대해 묻는 경우가 있다. 병원에 적용되는 경비처리되는 보험은 크게 '병원용 화재보험, 의료 사고를 대비한 의사손해배상공제보험, 병원용자동차보험' 정도로 볼 수 있다. 이외의 보험은 일반적으로 경비처리되지 않는 보험이고 개인적인 용도라고 생각하면 된다.

(2) 공동관리비

건물 전체로 나온 관리비를 호실마다 배분한 고지서를 받아 관리비를 납부하고, 세금계산서나 현금영수증의 영수증 없이 지급하는 경우 고지서와 계좌이체 내역으로 경비처리 가능하다.

다만 적격증빙 미수취 가산세 2%가 발생한다. 언급한 바와 같이 적격증빙이 부족하면 세무 당국으로부터 적격증빙 과수수취라는 공문을 받을 수 있으니 꼭 적격증빙을 구비해야 한다.

안내항목	안내항목설명
정규증빙 과소수취	2016년 귀속 재무제표를 분석한 결과 귀하가 신고한 경비와 국세청이 보유하고 있는 정규증빙자료(세금계산서 등)의 차이금액이 1억원 이상입니다. 올해 신고 시 매입비용에 대한 정규증빙 수취여부를 자세히 확인하여 주시기 바랍니다. ＊ 간편장부신고자 : 차이금액 5천만 원 이상

(3) 주차비

건물에 환자들이 사용할 주차공간이 부족해서 주변에 사설주차장을 사용하고 월 정산해서 비용을 지출하는 경우에도 환자들의 주차편의를 제공하고 지출하는 경비에 해당하므로 경비처리가 가능하다. 이 경우 매월 정산하여 지불하는 금액을 병원으로 세금계산서를 받거나 해당 주차장의 카드 단말기로 결제하여 카드영수증이나 병원사업자번호로 현금영수증을 받는 것이다.

만일 이런 내역을 받을 수 없는 주차장이라면, 매달 주차장 측에서 보내 준 '정산내역'과 '주차장 측에 지급한 계좌내역'을 보관하여 경비인정을 받을 수 있다. 다만 이러한 증빙은 세금계산서나 현금영수증 신용카드매출전표와 달리 적격증빙에 해당하지 않기에 증빙불비가산세가 발생할 수 있다.

최근에 자동화 시스템으로 주차장이 많이 바뀜에 따라 해당 주차장의 주차권을 미리 묶음으로 사뒀다가 환자들에게 지급하는 경우가 많다. 이 경우 주차권관리 대장을 작성하여 총 구입액과 수량 중 해당연도에 지급하여 사용한 주차권의 비율을 계산하여 당해 연도에 경비처리 받을 수 있다.

11

기타비용 2
(직원기숙사비, 식대 등)

(1) 직원기숙사비

직원 구하기가 힘들어서 복지 차원에서 또는 지역적으로 외지에 있는 경우 원활하게 직원을 구하기 위해서 직원기숙사를 제공하기도 한다. 이 경우 보증금은 추후 다시 돌려받는 돈이므로 경비처리가 되지 않고, 매달 지급하는 월세는 경비처리가 된다. 병의원의 경우 기숙사의 해당 직원이 언제 나갈지 모르는 입퇴사가 잦은 업종이다 보니 계약당사자는 일반적으로 다음과 같이 크게 두 가지 상황으로 나뉘게 된다.

1) 해당 직원만을 위한 기숙사

해당 직원이 갑작스레 퇴사하게 되면 남은 계약기간 동안 기숙사 월세를 병원이 지출하는 것이 부담이 될 수 있으므로, 일반적으로는 직원 이름으로 계약한 후 보증금을 직원이 내고, 월세를 병원이 내주는 경우가 많다.

2) 범용기숙사

해당 직원이 퇴사하여도 다른 직원이 추가로 입사하면 거주하게 되므로 병원이 계약하고 보증금 및 월세를 병원이 직접 지불하는 게 일반적이다.

두 경우 모두 직원과의 근로계약서에 기숙사제공에 대한 내용을 기재하고, 임대인에게 월세지급 시 병원계좌에서 임대인 계좌로 이체기록을 남겨 둘 필요가 있다.

Q. 대표원장이 아직 미혼이어서 병원 주변에 오피스텔(또는 아파트, 원룸)을 얻어 생활하며 진료를 보려 하는데 경비처리가 될까?

A. 언급한 바와 같이 병원의 경영을 위해 지출하는 경비만 경비처리가 된다. 대표원장이 진료를 보기 위해 본인이 편안히 쉴 수 있도록 월세를 지급하는 것도 병원의 진료와 관련되지 않느냐는 의문이 있을 수 있지만, 법적으로 직원을 위한 지출만 경비로 인정이 된다.

추후 과세 당국에서 원장이 거주했는지 직원이 거주했는지 어떻게 알겠느냐는 반문을 하는 경우도 있지만, '전입기록, 주변 경비실 등의 증언, 직원으로부터의 증언' 등으로 이에 대해 과세 당국은 반박자료를 준비할 수 있는 방법이 많으므로 편법으로 처리하는 것은 어렵다.

(2) 직원 식대

병원 주변의 음식점과 제휴를 맺어 직원들 식사비를 월정액에 제공해 주기로 협의한 경우에는 백반집과 식사제공에 관한 계약서를 작성하고, 월정액 70만 원을 카드로 결제하거나 계좌이체하고 세금계산서를 받으면 된다.

(3) 직원 워크샵비. 운동지원비 등

직원 워크샵 비용은 사업 관련성이 있기에 경비처리된다. 이와 관련된 '숙소비, 차량렌트 관련 비용, 식대 등등' 모두 가능하다. 다만, 추후에 세무조사 시 병원과 거리가 먼 곳에서 지출한 금액에 대해 증빙을 요청받을 수 있으므로 최대한 워크샵에 대한 증거를 남겨 두는 게 좋다.

예를 들어, 플랜카드를 하나 만들어 가서 직원들과 단체로 사진을 찍은 것을 남겨 두는 것도 좋은 방법이다.

직원에 대한 운동비 지원, 재교육을 위한 학원비 및 도서구입비 지원, 워크샵 비용 등 직원을 위한 항목들은 복리후생비의 계정으로 분류되어 경비처리가 가능하다. 근로계약서나 혹은 사내복지규정 등에 이에 대한 내용을 남겨 둬서 오해의 소지를 없애는 것을 추천한다.

12

기타비용 3
(세미나비, 콘도 · 골프 등 각종 회원권 등)

(1) 세미나비

원장의 진료과목과 관련되고 병원경영과 관련된 세미나에 참석하는 비용은 경비처리가 되지만 병원의 경영과 무관한 세미나에 대한 참석비용은 경비처리가 되지 않는다. 예를 들어, 진료과목 관련 학회나 관련 세미나 참가비 및 기타 부수비용은 경비처리가 되지만, 개인적인 투자를 위한 부동산투자세미나 참가비는 경비처리 대상이 아니게 되는 것이다.

(2) 각종 회원권

골프회원권과 콘도회원권의 경비처리 여부는 취득, 보유단계에 따라 다음과 같이 구분된다.

1) 취득단계

회원권을 취득하여 회사의 무형자산으로 등재하는 경우 투자자산(또는 기타비유동자산)으로 처리하며 취득원가 외 중개수수료, 취득 등은 모두 취득원가에 가산한다.

2) 보유단계 경비처리

[소득세법 시행령 제62조 2항 2호]에 해당하는 감가상각대상 무형고정자산에 해당하지 않으므로 감가상각을 통한 경비처리는 불가능하다.

업무 관련으로 회원권을 사용함에 있어 추가로 발생하는 경비에 대해서는 접대비나 복리후생비 등으로 경비처리가 가능하다. 예를 들어 해당 콘도로 직원들 워크샵을 가서 숙소 사용비를 지급했다면 해당 지급액은 경비처리가 되는 방식이며 직원들과 같이 워크샵을 갔다는 증빙은 구비해야 한다.

13

기타비용 4
(폐업 시 사용되는 경비, 리스 승계)

(1) 폐업 시 발생하는 비용

폐업 시 발생하는 비용(철거비 등)은 폐업신고하기 전에 사업자번호로 세금계산서를 발급받아야 한다. 폐업신고 이후에는 경비를 등록할 수 없으니 폐업신고 전에 모든 증빙을 빠짐없이 받아야 한다.

(2) 리스 승계 시

의료기기나 차량 리스를 승계하는 경우 사업자등록 후 리스 승계를 받고 세금계산서 받으면 경비처리할 수 있다.

네비게이션 목차

II. 임대차계약 단계 … 33

III. 직원구인단계 ··· 49

IV. 개원행정단계 ··· 57

병원개원 세무

ⓒ 세무법인 진솔 · 택스스퀘어, 2023

초판 1쇄 발행 2023년 5월 4일
    2쇄 발행 2024년 8월 1일

지은이   세무법인 진솔 · 택스스퀘어
펴낸이   이기봉
편집   좋은땅 편집팀
펴낸곳   도서출판 좋은땅
주소   서울특별시 마포구 양화로12길 26 지월드빌딩 (서교동 395-7)
전화   02)374-8616~7
팩스   02)374-8614
이메일   gworldbook@naver.com
홈페이지 www.g-world.co.kr

ISBN   979-11-388-1855-1 (13320)

• 가격은 뒤표지에 있습니다.
• 이 책은 저작권법에 의하여 보호를 받는 저작물이므로 무단 전재와 복제를 금합니다.
• 파본은 구입하신 서점에서 교환해 드립니다.